キズナ

松本利夫　EXILE ÜSA　EXILE MAKIDAI

幻冬舎文庫

P

キズナ

松本利夫
EXILE ÜSA
EXILE MAKIDAI

目次

第1章

夜明け前

TRACK #1　MATSUの場合

ゲーム少年が、ディスコ通いを始めた理由。

僕は川崎市の高津区に生まれた。

東京近郊のいわゆるベッドタウンだけれど、その昔は里山と田畑の広がる田園地帯だったらしい。ウチはその地に代々、根づいた農家だった。僕がモノゴコロついた頃には、そういう農村の風景は姿を消して、周囲は庭つき一戸建ての住宅街になっていた。親父《おやじ》は当時、農業と造園業を営んでいた。

そうはいっても、当時はまだ近所に昆虫の宝庫のような裏山だの、小さなカニのいる小川だのがいくらかは残っていたから、僕も小学校の低学年くらいままでは朝から晩までもっぱら外で遊んでいた。カブトムシ、ザリガニ、そしてドジョウとか、何匹獲《と》ったかわからない。

そういう僕が、インドア派に転向したのは、1983年7月15日の大事件のせいだ。

何があったかは、いうまでもない。

その日、任天堂がファミリーコンピュータを発売したのだ。

僕は小学2年生。昆虫や小魚を追いかけていた子どもの目に、ファミコンはあまりに斬新《ざんしん》過ぎた。なにしろ、テレビ画面がゲームになるのだ。

そのどこが斬新なのかと、今の子なら言うかもしれない。

けれど、それが80年代だったということを忘れちゃいけない。スマホはもちろん、パソコンでさえ、少なくとも子どもの目につくところにはまだ出現していない。あの頃までのテレビは、テレビ番組を受け身で観るためだけのものだった。

それが、コントローラーを操作すれば、テレビに映るキャラクターを自分で動かせるようになったのだ。ほんとに、僕にとっては斬新なんてもんじゃなかった。

初めて遊んだゲームは、忘れもしない『スーパーマリオブラザーズ』だ。

僕は、そのゲームに夢中になった。クワガタムシやザリガニはきれいさっぱり忘れ、学校から帰ると、ファミコンを持っている友だちの家に入りびたりになった。小学生にとってファミコンは、まだ誰でも買ってもらえるようなシロモノではなかったから。あの頃は、ゲームより楽しいものが、この世にあるとは思えなかった。

まあ、要するに僕は、現代日本のどこにでもいる、ごくありふれたゲーム好きの子どもだった。

中学生になって体操部に入った。

部活見学で体操部の先輩が、バク転やバク宙を軽々とやっているのを見て、心底おどろいた。スーパーマリオブラザーズも、考えてみれば、コントローラーを操《あやつ》ってマリオを自由自在に飛んだり跳ねたり、飛びついたりさせるのが楽しかったわけで、その自由さがたまらなく好きだったのだけれど、それはもちろんあくまでもテレビ画面の中だけの話だ。

ところがその体操部の先輩たちは、そういうことを軽々と、僕の目の前でやってみせたのだ。なんて、カッコいいんだろう。

その場で、体操部への入部を決めた。

小学生の頃から足は速い方だったし、とにかくカラダを動かすのが大好きだったから、体操部はまさに僕にうってつけの部活だった。

テレビ画面の中のバーチャルな運動に魅入《みい》られていた僕は、あのバク転やバク宙で一気に目が覚めて、現実の世界で自分のカラダを思い切り動かすことに夢中になったというわけだ。

そのまま何ごともなかったら、今の僕はいったい何をしていただろう。

そんなことを考えても仕方ないけれど、人生というのは不思議なものだとつくづく思う。

僕の人生を変えたのは、中学2年の終わりの大怪我《おおけが》だった。


そのとき僕は、前宙2回転の練習をしていた。

スプリングのロイター板、つまり踏切板で高く跳び上がり、両膝を抱え込んで空中で2回転する技だ。中学生としてはけっこうな大技だけど、何度も成功していたから、僕は少し調子に乗っていた。

普通、その練習は着地点にふかふかのエバーマットを敷《し》いてやるのだが、両足着地に成功していたので、もう自分にはそんなものは必要ないと調子に乗って、マットなしで跳んだ。

調子に乗るのは僕の悪いクセだ。

そのクセを、空の上のどこかの誰かが見ていて、お灸《きゆう》をすえたに違いない。

僕は着地に失敗した。

事故に巻き込まれたときに、すべてがスローモーションで見えるという話があるけれど、あれが本当だということを、僕はそのとき身をもって知った。着地に失敗して足をひねり、複雑骨折した右足が１８０度ねじ曲がって、爪先が完全にこっちを向いているのを、僕は静かに見つめていた。それはどう考えても異常なことなのだけれど、大変なことだという考えさえも頭に浮かばない。

痛みがまだ脳に到達していないのだ。スローモーションのようにものすごくゆっくりと過ぎていく時間の中で、まるで他人事《ひとごと》のように僕はその様子を見ていた。考える余裕さえあった。

こういうときどうするんだろうと思って、自分を見つめていると、平静を装《よそお》うのだ。なんでもないことのように立ち上がって……。１８０度回転した右足を床に下ろした瞬間に、とんでもない激痛が脳に到達した。

「いってー」

僕は声を上げ、足を抱えて床に倒れ込んだ。

そこから先は時間の流れが普通に戻ったらしく、記憶は逆に曖昧《あいまい》になる。他の部員や先生が駆け寄ってきて、僕は病院に担《かつ》ぎ込まれたのだけれど、具体的なことはよく憶《おぼ》えていない。病院では即《そく》手術で、複雑骨折した右足首にボルトを打ち込まれた。

半年後にようやく再手術をしてそのボルトを抜いてもらった。でも、その怪我がトラウマになったらしく、気がついたら二度と体操ができなくなっていた。

あんなに大好きだった体操部をやめるしかなくなって、当時は早々に自分の人生が終わってしまったような虚《むな》しさに囚《とら》われたこともあった。それが必ずしもマイナスになるとは限らないのが、人生の面白いところだ。

大袈裟《おおげさ》に言えば人生の目標を見失い、放課後にすることがなくなって、ぶらぶらと遊んでいた僕が出合ったのがダンスブームだった。M．C．ハマーやマイケル・ジャクソンが世界的に大ブレークして、ダンスの上手《うま》いアーティストがたくさん出てきた頃の話だ。

日本でもあの時代、テレビではいくつものダンス番組が放映されていた。最初に影響を受けたのは、日本テレビで放映されていた『天才・たけしの元気が出るテレビ!!』の中の『ダンス甲子園』というコーナーだった。野球の甲子園のように高校生がダンスパフォーマンスを競《きそ》う、僕の世代のダンサーにとっては説明不要のカリスマ番組だ。

今にして思えば、あくまでもバラエティー番組の中の企画で、お笑いの要素も少なからずあったけど、同世代の高校生が制服のままで踊るブレイクダンスやアクロバティックなダンスはメチャクチャ新鮮でカッコよくて、あっという間に心を奪われた。

あの番組は日曜の夜だったから、月曜日の朝の学校はいつもその話で持ちきりだった。そんなこんなでダンスに興味を抱くようになって、さらにカッコいいダンス番組があることを知った。

なんといっても深く印象に残っているのが、TRFのSAMさんも出演していた『DANCE!DANCE!DANCE!』(フジテレビ)って番組と、それからもちろん『DADA L.M.D』(テレビ朝日)。HIROさんの所属するZOOが出演していた番組だ。

HIROさんは確かZOOのメンバーの中でも最年少で、全身の毛穴からエネルギーが噴《ふ》き出すようなキレッキレのダンスは今でも目に焼きついている。テレビの中の別世界で踊るHIROさんは、まさに正真正銘《しょうしんしょうめい》のヒーローだった。いや、駄洒落《だじゃれ》でもなんでもなく。

カッコいい人を見たら、どうしたって真似《まね》したくなる。僕はさっそく番組を録画してダンスをコピーし始めた。最初はやっぱり同世代の『ダンス甲子園』だった。あの番組で有名になったグループ、L.L BROTHERS

と、れいかん やまかん とんちんかんのダンスは、よく真似をして踊っていた。

もうひとつ忘れられないのは、『DADA L.M.D』のラインダンス。メンバーが囲んで花道を作り、ひとりひとり前に出てとっておきのソロのダンスを披露《ひろう》するのだ。

勝負ってわけじゃないけど、やっぱり全員注視《ちゅうし》の中で踊るわけだから、めっちゃ力が入っていてすごく迫力があった。あれも録画して、ビデオが擦《す》り切れるほど観て、そっくりそのままコピーして踊っていた。

いうなればそれが僕のダンス修業の始まりで、つまり完全な見よう見真似の独学でダンスを覚えた。まあ、あの頃ダンスを始めた人間は、みんなそんな感じだったたと思う。

中学生の終わりから、高校1年生の初めにかけての時期のことだ。時代でいえば、90年代アタマの頃。最初は自分の部屋で繰り返し練習して覚えて、ちょっと踊れるようになると外で踊った。

外っていうのは、つまり近所のたまり場だ。

夜な夜な同級生が集まって、スケボーをやっているやつもいれば、ＢＭＸをやっているやつらもいる。ただしゃべっているだけのやつらもいる。そういうたまり場は日本中どこにでもあると思う。僕が行っていたのは、近所の紳士服店『メンズファッションゴトウ』だった。

広い駐車場があって、屋根もあったから雨の日でも集まりやすかった。それに何よりも、大きなガラスのショーウインドーがあった。もうひとつ、重要なポイントがあって、その紳士服店はうちの親父が貸していた土地に建っていた。つまり親父は、メンズファッションゴトウの地主なわけで、万が一、店の人にとがめられたとしても、そのことを話せば見逃してくれるんじゃないかという計算もあった。実際にとがめられたことはなかったけれど。

まあ、そういうこともあって、その紳士服店の大きなショーウインドーを鏡代わりにして、僕はアベ君という友人とふたりで踊り始めた。

中学時代からの知り合いで高校が同じだったアベ君と、ふたりでダンスチームを組んだのだ。チーム名はMFG。もちろん、メンズ・ファッション・ゴトウの頭文字《かしら》だ。

ダンスブームとはいっても、今みたいに日本中にダンス教室があって、学校の授業でHipHopを教えるような時代とはわけが違う。そのたまり場でダンスをしていたのも、当時は僕とアベ君のふたりだけだった。テレビの放映は増えていたけれど、少なくとも高校生にとって、ダンスはまだまだちょっとばかりとんがった夜遊びのツールのひとつだった。

そういえば、それで思い出したけど、初めてディスコに行ったのもその頃、つまり高校に入ったばかりの頃だった。ダンスといえば、まだクラブではなくディスコの時代だった。

僕は16歳。もちろん高校生はディスコに入っちゃいけないわけで、今の僕としてはそういう規則破りを子どもたちにオススメするつもりはまったくない。でも行ってしまったのは事実なので、懺悔《ざんげ》とともにここに告白することにする。

ディスコなるものがこの世に存在することは、もちろんテレビのダンス番組を録画して繰り返し観ていたおかげで、中学生の頃からよく知っていた。とはいえそこは大人の場所で、中学生の自分には遠い外国みたいな存在なわけで、いつか行ってみたいと夢には見ても、実際に行ってみようとは思いもしなかった。

そんな中学生が高校生になって（中学生にとって高校生はもう十分大人だ）、そろそろ僕らもディスコに行ってみてもいい年頃なんじゃないかと思い始めたのだった。

「ディスコ、今日行ってみねえ？」

僕とアベ君のどちらが先に言い出したのかは、今となってはよく憶えていない。どっちでも同じことで、夜な夜なメンズファッションゴトウのショーウインドーの前でダンスの練習をしていた僕らが、ディスコに繰り出すのは時間の問題でもあった。

僕らは当時ダンサーの間で流行《はや》っていたファッションブランド、クロスカラーズのど派手な服に着替え、ディスコのある都心の繁華街へと意気込んで出かけた。最初に入ったのは忘れもしない、渋谷にあった『AVA』というディスコだった。

ディスコの前を、いかにもディスコに来ましたという格好で歩いていれば、どうしたって店の客引きのお兄さんは声をかけてくる。そんなことは当たり前なんだけど、そういうことさえも大人の仲間入りをしたみたいで嬉《うれ》しかった。なのに、全力を振り絞り舞い上がった気分を押し殺して、「いつも来てます」みたいな常連を装い、何気ない素振りで店に入った。

いうまでもなく内心はドッキドキで、「お金、いったいいくらなんだろう」とか、頭の中は不安とビビリでいっぱいだったわけだけど。

まず度肝《どぎも》を抜かれたのが、ドレッドヘアーのお兄ちゃんたちだった。

ドレッドはもちろん知っていたし、憧れてはいたけれど、どこに行けばドレッドをかけられるのかもわからなかったし、なんの情報もなかったので、ただテレビで観て「いいなあ」とため息をついていただけだったのだ。

ところがそのディスコには、本物のドレッドヘアーのお兄ちゃんが何人かいた。ナマでドレッドを見たのは、たぶんあのときが最初だったと思う。

もう、それだけで興奮した。

「やっべー、本物のドレッドだよ」

僕らの興奮を悟《さと》られないように、ひそひそ声でアベ君と感動をわかち合ったのも、今ではいい思い出だ。いや、まったく、ほんとに……。

しかも、そのドレッドのお兄ちゃんたちは、本物の常連らしく、そのディスコで幅を利《き》かせている感じで、それがまた超カッコよかった。いつか自分もあんなふうになりたいと思いはするのだけど、どうすればドレッドがかけられるのかすらわからない悲しい高校生だった。

それから何度かディスコに出かけた。

ビビリこそしなくなったものの、結局のところ高校生がこわごわディスコに潜《もぐ》り込んでいたというだけの話なわけで、そんなに友だちが増えるわけでもなく、そこから先の進展は特になかった。

そういう意味では、あの頃までの僕にとって、ダンスはたまり場に自分の居場所を確保するための、ひとつのアイテムのようなものだった。ダンスは大好きだけど、まさか、自分が一生ダンスと向き合って生きることになるとは思っていなかった。

高3になるときに、アベ君がダンスをやめると言い出した。アベ君はダンスよりも、他のことに興味を持ったみたいだった。彼は、それほどダンスにハマっていなかったようだった。そろそろダンスに飽きたという感じだった。

いや、僕にしても、アベ君とそれほど違いがあったわけではない。ふたりでダンスチームを組んだとはいっても、例のたまり場で練習したりディスコに遊びに行ったりするのがメインで、あとは学園祭で踊るとか、年に一度川崎のルフロンで開催されるダンスコンテストに参加してみたりするくらいのもので、要するに遊びの延長みたいなものだった。

自分が好きでやっている遊びなわけで、飽きて他の遊びに夢中になるのはよくある話だ。テレビゲームにハマって、カブトムシ獲りには行かなくなるという話と同じだから、アベ君がダンスをやめるのはとても残念ではあったけど、引き留《と》めるわけにもいかなかった。

だけど、ひとりで踊るのは虚しい。アベ君はやめた。自分はこれからどうしようと悩んでたときに、知り合ったのがカワベ君、ベッチャンだった。

ここでちょっと話は横道にそれる。

アベ君はそれっきりダンスから遠ざかり、それからあまり会う機会がなかったのだが、ずいぶん経《た》ってから不思議な再会をした。僕がＥＸＩＬＥのメンバーになって、ある番組でお笑いのくりぃむしちゅーさんとご一緒したときのことだ。アベ君の母親とウチの母は仲良しなので、事前にその情報は母親経由で僕に伝わっていた。僕は懐かしい気持ちで、くりぃむしちゅーさんの楽屋を訪ねた。アベ君はくりぃむしちゅーさんのスタイリストをしていたのだ。

川崎ルフロンダンスコンテストが、縁の始まりだった。

「マッチャン、ダンスやってるんだったら会ってみなよ。彼もダンスが好きで、けっこう本気でやってるからさ」

例のメンズファッションゴトウのたまり場で、夜な夜な集まる友だちのひとりが、そう言って紹介してくれたのがベッチャンだった。ひとり寂しく踊る僕を見かねたのかもしれない。

ベッチャンは、なんといえばいいか、かなりマニアックなダンサーで、僕よりもずっとダンスの世界に精通《せいつう》していた。

僕が「本気でダンサーやってみようかな?」と思うようになったのは、このベッチャンの影響が大きかった。

知り合って間もなく、ベッチャンは「ちょっと俺の友だちや先輩に紹介するよ」と言って、横浜の『サーカス』に連れていってくれた。山下町にあった、伝説のディスコだ。

高1で渋谷のディスコに初めて行ったときも興奮したけれど、サーカスはそんなもんじゃなかった。サーカスには当時の最先端のニュースクール系のメチャクチャお洒落《しゃれ》なダンサーがぶわーっと集まっていて、僕は一瞬にして、その光景にやられてしまった。

ストリートダンスの流行は、音楽の変化とともに恐ろしいスピードで移り変わっていく。ニュースクールというのは、90年代当時の世界最先端のＨｉｐＨｏｐで、僕が憧れたエリートフォースやミスフィッツというニューヨークのダンスアーティストグループや、ＨＩＲＯさんのＺＯＯもその流れの中にあった。

サーカスは、僕の目には、そのニュースクール系の日本における聖地みたいな場所だった。

僕は18歳。ディスコとクラブのちょうど境目《さかいめ》くらいの時代だ。サーカスはディスコだったから、飯もそこで食べられた。常連たちはだいたい夜の10時くらいから集まってきて、明け方まで踊ったり飲んだり食べたりして、朝になるとみんなで近くのデニーズに行って、おしゃべりしながら眠くなるまで時間を潰《つぶ》す。傍目《はため》には、ただの遊び人なんだけど、高3の僕にはそういう遊び方までが憧れだった。みんなからリーダーとして一目置かれている人は、24時間営業のデニーズの中での立ち居振る舞いまで、なんだかすごくカッコよく見えた。

ベッチャンが次々とそういう人たちに紹介してくれて、本物のダンサーの世界に足を踏み入れるようになった。僕は速攻《そっこう》で髪をドレッドにした。高3になったばかりの春のことだった。

どこの美容室に行けばドレッドをかけられるかを教えてくれたのも、そのサーカスで知り合った先輩たちだった。

僕が通った新百合ヶ丘の高校は、偏差値60のそこそこ真面目な進学校で、僕はかなり周囲から浮いていたのだけれど、公立校ということもあって、教師はそこまで厳しくなかった。

いや、パーマは禁止だったし、ドレッドなんてもちろん厳禁だったはずなのだけれど、「これは僕のファッションです」と言い張っていたら、最終的には黙認《もくにん》してくれるようになった。ピアスは髪で隠せるから高1のときから、両耳にそれぞれひとつ穴を開けていたのだけれど、さらにひとつ増やして合計3個のピアスをつけていた。それにドレッドとくれば、制服を着ていない限り、高校生にはとても見えなかったはずだ。

高3でクラスメイトが進学や就職のことを気にし始める時期になっても、僕は将来のことを何も心配していなかった。高校卒業は僕にとって、週末だけじゃなくて平日も毎晩踊りに行けるようになるという節目《ふしめ》でしかなかった。だけど、将来はダンサーとして身を立てようなどと考えていたわけではない。

なにしろ、あの時代は、ストリートダンスで飯が食えるなんて誰も思っていなかった。ZOOやTRFのメンバーならまた話は別なのだろうけれど、そういう成功は砂漠で一粒の砂金《さきん》を見つけるような夢物語でしかなかった。HIROさんは確かにダンサーで、憧れだったけれど、僕らとは別世界に属する人でとても生身の人間とは思えないほどだった。だから、そういう意味では、夢見る対象ですらなかった。

僕があの頃目指していた、たとえばサーカスでみんなからカリスマのように崇拝《すうはい》されていたダンサーでさえ、ダンスが職業だったわけではない。

つまりダンサーは生き方であって、職業ではなかったといってもいいかもしれない。

ぶっちゃけた話をすれば、僕はあの頃、将来のことなんて何も考えていなかった。ただ、ダンスが好きで、考えるコトといえば、もっとダンスが上手くなりたいということだけだった。

僕にとってのリアリティは、ダンスシーンの中にしかなかった。世の中のその他の部分、実社会とかなんとかは、当時の僕にとってはどうでもよかった。

プロのダンサーになれたらいいなあ、みたいなぼんやりした思いはあったけれど、正直にいって何がプロかもよくわからなかった。そういう時代だったのだ。

ただ、とにかくダンスシーンで上に行きたかった。

はっきりしているのは、有名なダンスイベントがあって、そこに出ている人たちは、やっぱり限られた人たちだったから、夢はまずそこに出ること。しかもその中でも順番があるわけで、やっぱり最後の人は「大トリ」みたいな。「じゃあ、あのイベントの大トリを目指してえなあ」と。そういうことで頭がいっぱいだったのだ。

「ダンサーになったって、飯は食えないよ」

分別《ふんべつ》のある大人なら、きっとそう言って水を差《さ》したに違いない。

ところが幸運なことに、ウチの両親はそういうことを言わなかった。

「そんなにやりたいことがあるなら、今はとにかくそれを一所懸命やりなさい」と、僕の選択を認めてくれた。

きっとそのうち熱も冷めるだろうと、タカを括《くく》っていたのかもしれないけれど。

親のすねをかじっているだけでは申しわけないから、引っ越し屋さんとか家電製品工場の流れ作業とか、いくつかアルバイトをかけ持ちした。でも、それはあくまでも小遣い稼《かせ》ぎなわけだ。周囲の友だちが、大学に行ったり、就職したりしているのに、不安はなかったのかと思う読者もいるかもしれない。今の僕なら、そう思うのはよくわかる。

なにしろ、しつこいようだけど、あの時代、ストリート系のダンサーに将来的な展望なんて何もなかったわけだから。

にもかかわらず、どういうわけか、僕の中に迷いや不安はどこにもなかった。

ダンサーとして行けるところまで行ってやろうということしか、考えていなかった。

ウッサン（ÜＳＡ）とＭＡＫＩＤＡＩに出会ったのは、そんな時期のことだった。

前にも書いたように、川崎ルフロンという川崎駅に隣接する大型商業施設で、毎年1回大規模なダンスコンテストが開催されていた。あの時代の横浜や川崎あたりの高校生ダンサーを語るには欠かせない、年に一度の大イベントだ。

ウッサンとMAKIDAIの存在を知ったのは、そのダンスコンテストだった。

ウッサンは学年でいうとひとつ下で、彼のダンスを初めて見たのは、僕が川崎ルフロンダンスコンテストに出場するようになってから確か3年目のことだ。僕はもう何回もそのコンテストに出ていたから、自分的には「常連だぜ」みたいな感じで、ちょっと上から目線で、年下のウッサンたちのダンスを眺めていたのを憶えている。

だいたいチーム名からして奇妙だった。「まさお」というのだ。

しかも、そのダンスがまたおかしくて、確か「ピョン吉ダンス」っていってたと思うけど、カエルみたいにピョンピョン跳び続けるのだ。

「なんだよあれ？」

正直、ちょっと首を傾《かし》げながら見ていた気がする。「どうなの、あれ？」って（ゴメン、ウッサン！）。

ところがところが、ウッサンたちの「まさお」は、その奇妙なダンスでなんと特別賞を獲ってしまった。まあ、確かにアイデアは悪くなかったけれど……。

でも、まあそのときは、ただそういう年下のダンサーの存在を知ったというだけのことで、特に何か話をしたわけではない。ウッサンはまだ高校生だったし、あの頃のウッサンは今みたいにもの凄くダンスが上手いわけではなかったから、頭の片隅に面白いダンスを踊ってたやつとして記憶していただけだ。

もっとも、この話は完全に自分のことを棚に上げて言っている。

僕のダンスだって、ぜんぜんなっていなかったし、ベッチャンの紹介で知り合った先輩や友だちと5人で組んだチームの名は「ダスキン」だった。チーム名をつけたのは先輩で、なぜ「ダスキン」になったかは知らない。

カッコいい横文字よりも、そういうちょっとおかしなチーム名をつける方が、イカしてる時代だったのだ。おかしなチーム名で出てきたやつらが、クールに踊ったら、やたらとカッコよく見えるというか。「まさお」も、たぶんそういう狙いでつけたチーム名だったのだろう。

ウッサンとは対照的に（っていうと、またウッサンに怒られそうだけど）、MAKIDAIは高校時代からけっこうその名を知られていた。背は高いし、顔もいい、女の子にも人気がある。彼のチーム「TOO FLY」は、神奈川のダンサーの間では有名だった。ルフロンのコンテストでも上位の成績だったと思う。

だから、こっちはＭＡＫＩＤＡＩのことを知っていたけれど、ＭＡＫＩＤＡＩの方は僕のことをよく知らなかったと思う。彼と初めて話したのは、自由が丘の駅前だった。共通の知り合いと一緒に自由が丘に行ったとき、偶然そこにＭＡＫＩＤＡＩがいて紹介された。僕は心の中で「ＴＯＯ ＦＬＹのＭＡＫＩＤＡＩだ！」と声を上げたのだが、実際に交わした挨拶は「初めまして」だった。

「こんなとこで、何してんすか？」

友人がたずねると、ＭＡＫＩＤＡＩは笑って「仕事中」と答えた。あの顔で声をかければ、女の子も立ち止まって話を聞くに違いない。アルバイトで某業界の求人の仕事をしていたらしいけど、なんだか大人の世界を知っている感じで、妙に感心したのをよく憶えている。

今にして思えば、アルバイトは軟派《なんぱ》でも、ＭＡＫＩＤＡＩは本質的に真面目な男で、あの頃から真剣にダンスと向き合っていた。あの時代の僕らは、ダンサーとはいっても、世の大人から見たら単なる遊び人でしかなかった。そういう目で見られていた。けれどＭＡＫＩＤＡＩは、ダンスを自分の職業とすべく努力していたんだと思う。当時からＭＡＫＩＤＡＩは、なんとなくプロフェッショナルなダンサーの匂《にお》いをただよわせていた。

その後、ＭＡＫＩＤＡＩがニューヨークに留学し、さらにはＭＩＳＩＡさんのバックダンサーになったと聞いたときには、なんだか先を越されたような気持ちになったものだ。

そういう感じで、10代の終わりに、僕はウッサンとＭＡＫＩＤＡＩと知り合ったのだ。

あの時代の友人を数え上げれば、それこそ星の数にもなるだろう。

毎日のように会っていた友人もいれば、たまにどこかですれ違って「元気？」と声をかけるくらいの友人もたくさんいた。ウッサンとも、ＭＡＫＩＤＡＩとも、最初はどちらかといえば、淡《あわ》い関係だった。僕も、彼らにとっては、ただの知り合いのひとりだったはずだ。

星の数ほどいた知り合いの中で、僕ら3人が、どういういきさつで、深く付き合うようになったのか。それを、正確に文章にするのは難しい。「いつの間にか」という言葉が、いちばんしっくりくりする。

なんとなく知り合いになって、ときどき顔を合わせて話をし、いつの間にか一緒に踊るようになっていた、というのが正直なところだ。

特に、記憶に残るような出来事があったわけではない。

3人ともそれぞれに、親しい友人もいたし、一緒に踊る仲間もいた。

けれど、気がつけば、ウッサンとMAKIDAIは僕の人生に不可欠な存在になっていた。

こういうのを、運命というんだろうか。

ウッサンとMAKIDAIとよく話をするようになったのは、六本木のスクエアビルにあった『R・ホール』というクラブに行くようになってからのことだ。ときの流れは速いもので1994年のその頃、流行の中心はディスコからクラブへと移行していた。

僕は19歳。高校を卒業し、昼間はバイトで小遣いを稼ぎつつ、夜はクラブに仲間と繰り出すというダンス一筋の生活をしていた。

ベッチャンに連れていかれた横浜のサーカスで、ダンサーの知り合いがたくさんできた。

そのひとりがカリスマダンサーのタクヤさんだ。地元が近かったせいもあって、一緒にいる時間が長くなり、なんとなくタクヤさんの仲間と一緒にいることが多かった。

その仲間の間で、ニューヨークがブームになった。

「ちょっと行ってくるわ」って感じでニューヨークに行って、1ヶ月くらいして、ダンスがメチャクチャ上手くなって帰ってくる、みたいな。

「え、なになに、あいつもニューヨーク行ってたの？」

「ずいぶん踊り変わったよなあ。カッコよくなった」

「ニューヨークに行くと、踊り上手くなるらしいよ。やっぱ本場だし」

ニューヨークのダンスシーンがよく話題に上るようになって、単純なもんだから、それじゃあ俺たちも行ってみようって話がまとまって、タクヤさんをリーダーに8人くらいのグループでニューヨークに行ったのが19歳の夏だった。バイトしてお金を貯《た》めて、1ヶ月半くらい滞在した。

濃密な1ヶ月半だった。

レッスンも受けたけど、メインはやっぱりクラブ通いで、毎晩のようにマンハッタンの有名なクラブに通った。廃駅《はいえき》になった地下鉄の駅をクラブに改造した『トンネル』とか、なんだかやたらとお洒落なクラブがあちこちにあった。まだニューヨークの治安が悪かった頃だから、何度かコワイ目にも遭《あ》ったけど、そういうことも刺激的だった。

ニューヨークにまで行ったのは、ダンスが上手くなりたい一心だった。求めていたのはダンスなんだけど、そこで僕はＨｉｐＨｏｐのカルチャーに触れた。

いや、そんなに大袈裟な話じゃない。挨拶はＨｅｌｌｏじゃなくてＷｈａｔ，ｓ ｕｐ？ の方がクールだとか、握手も普通にやるんじゃなくて、たがいの拳《こぶし》を打ち合わせたり、手のひらでスラップしたり、仲間うちの独特の仕草があるとか。

ダンスだけじゃなくて、そういう仕草とか、ファッションとか、ラップミュージックとか、グラフィティとか……。つまりＨｉｐＨｏｐを中心に生まれたカルチャー全体に、なんといったらいいか、身も心も奪われた──。

１ヶ月半は夢のように過ぎ去って、日本に帰国したその日から、次はいつニューヨークに行くか考え始めていた。

ニューヨーク行きの成果はばっちりで、周りからも僕のダンスが「変わった」「カッコよくなった」と、さかんに言われていい気になった。これがスポーツ選手なら、いい気になってるだけじゃ勝てないわけだけど、ダンスはちょっと話が違う。

日本では売っていない服もたっぷり買ってきたし、自分も調子に乗っちゃってるから、自己催眠《さいみん》じゃないけど、なんなら自分は日本人じゃなくてバリバリのニューヨークの黒人にでもなったような気分。いつでもどこでも、もう「イェーイ」って感じになっちゃって。そうすると、ダンスの新しい技を身につけたってこともあるけど、そもそも自信たっぷりで踊ってるから、他人の目にも実際に上手く見えるのだ。いや、上手くなってたんだと思う。自信はダンスの最高の技術だから。

あの時代のニューヨークは、ダンサーの聖地みたいなものだった。ちょっと行っただけで、あんなにダンスが変わってしまうわけだから。

そういうわけで、翌年の夏、2度目のニューヨーク行き。1回目は先輩たちと一緒だったんだけれど、このときは同い年の友だちや後輩ふたりと行った。その後輩のひとりがウッサンだった。

先輩と行った前回は、やっぱり後輩としていろいろ気も遣《つか》った。でも今回は年下のウッサンと一緒なので、自分が行きたいところに、自由気ままに遊びに行けた。ニューヨークが初めてのウッサンに、先輩風を吹かせたわけだ。

このときもさんざんクラブに通った。でも、どういうわけか、いちばんよく憶えているのは、ウッサンとの珍道中だ。今思い出しても、笑えてくる。

宿はウエストエンドの安宿で、部屋はウッサンと同室だった。ダブルベッドとは名ばかりの、小さなベッドにふたりで寝るのだ。男同士でダブルベッド？　ださい、と思う読者もいるかもしれないけど、アルバイトで稼いだ金でできるだけ長くニューヨークに滞在するには仕方ない。ニューヨークの安宿に、ツインルームなんて洒落た部屋はめったになかった。

真夏のニューヨークで安宿の狭い部屋に、男ふたりで並んで寝るってだけでも暑苦しいのに、なんと部屋にはクーラーがなかった。サウナで寝た方がましかもしれない。下手《へた》すりゃ死ぬっていうんで、扇風機を買った。

だけど部屋の中でいくら扇風機を回したって、熱い空気をかき混ぜているだけのことで、ちっとも涼しくなんかならない。ベッドの横の窓際に扇風機を置いて、少しでも涼しい空気を部屋に入れた。扇風機側に寝るのは、もちろん1年先輩の僕だ。

扇風機はいつも最大風力で回していたけれど、寝るときは風邪を引きたくないんで、僕は風力を「弱」にする。だけど、「弱」だと僕が邪魔になって、ウッサンのところまで風が届かない。寝て5分くらいすると、そーっとウッサンの手が伸びてきて、扇風機が「強」になる。ブオーッと風が来て、僕は目を覚まし、「弱」に戻す。で、すやすやと眠り始めると、またウッサンが「強」にする。で、また僕が目を覚まして……、っていうのを延々繰り返していた。

あれは、今でも忘れない。

BABY NAIL解散の危機とは?

BABY NAILというダンスユニットを作ったのは、1回目のニューヨーク行きと2回目のニューヨーク行きの間の時期だ。最初は、タクヤさんの後輩のハルオと僕のふたりのチームだった。

名前の由来は僕の指。小指がちょっと短くて、ハルオによく「赤ちゃんの指みたいだ」とからかわれていた。その「赤ちゃん」の指にちなんで、BABY NAILになった。ちなみにスラングか何かの言葉では、「三日月」という意味もあり、なんだかお洒落に感じていた。

最初はふたりだったけど、すぐにRYUZYというダンサーとMAKIDAIを誘って4人になった。なぜそのふたりだったかは、記憶が曖昧だ。ふたりともダンスが上手くて、よく一緒に遊んでいたし、気が合ったのは間違いないけれど、他にも遊ぶ友だちはいたわけで、だからそのときの巡り合わせだったんだと思う。

そこにウッサンが入っていなかった理由は、これもちょっと記憶が曖昧だけど、彼が年下だったからだと思う。

もっとも、その後、ウッサンはダンスが急激にメチャクチャ上手くなった。これは本人に聞いてみないとわからないけど、BOBBYさんのダンススクールに通うようになってから、ウッサンのダンスの実力は目を見張るほど伸びた。

ちなみにBOBBYさんは元ZOOのメンバーで、HIROさんとJSBというユニットを組んでいた。僕らにとっては、雲の上のダンサーだった。

それで、ウッサンも一緒にやろうよってことになって、BABY NAILは最終的には、5人のユニットになった。「AOYAMA NIGHT」や

「MAIN STREET」とか、いろんなイベントで踊ったけど、活動期間は短い。最初のふたりのユニットだった頃から数えても、せいぜい2、3年だった。

けれどその短い期間に、自分で言うのもなんだけど、BABY NAILはアンダーグラウンドのダンスシーンで高い評価を受けるようになった。「AOYAMA NIGHT」でも、出番は「大トリ」、最高に盛り上がるいちばん最後になった。高校を卒業した頃の、とにかく有名なイベントのトリを取れるようなダンサーになりたいという夢は、とりあえずかなえられたわけだ。

その後、ハルオが一時期ダンスから離れたり、MAKIDAIがBABY NAILの活動から、ちょっと距離を置くことになったりして、メンバーは僕とRYUZYとウッサンの3人になった。

MAKIDAIは、MISIAさんのバックダンサーに抜擢《ばってき》された。あの時代、ミュージシャンのバックダンサーは、ダンサーとしてのひとつのゴールみたいなものだった。アンダーグラウンドのダンサーは、カリスマと呼ばれるような人でも、ダンスでは金が稼げない。だからたいていは、アルバイトをしたりして生活費をやりくりしていた。

けれど、ミュージシャンのバックダンサーになれば話は別だ。それなりの収入は得られるし、それになんといっても表舞台でライトを浴びられるのだ。もちろんメインはミュージシャンで、ダンサーはあくまでも引き立て役ではあるにしても。

ダンスを自分の職業にすることを真面目に考えていたＭＡＫＩＤＡＩにとって、ＭＩＳＩＡさんのバックダンサーは挑戦し甲斐《がい》のある仕事だったに違いない。一緒にＢＡＢＹ ＮＡＩＬの活動はできなくなるけれど、僕らは祝福してＭＡＫＩＤＡＩを送り出した。

そういうわけで、３人になってしまった僕らに信じられないオファーがあった。

HIROさん率いるJSBから、一緒に踊らないかと声がかかったのだ。

JSBというユニットの結成は、HIROさんがZOOのメンバーだった時代に遡《さかのぼ》る。コンサートのために来日したあのボビー・ブラウンが、六本木のディスコに遊びに来て、そこで踊っていた日本の若いダンサーに声をかける。

「俺のコンサートに来てくれない？」

観客としてではなく、ダンサーとして、ステージで踊ってくれないか、と言うのだ。

その声をかけられた日本のダンサーっていうのが、つまりHIROさんたちで、ボビーはステージで、彼らをこう紹介する。

「こいつらが日本のソウルブラザーズだ！」

ソウルブラザーズっていうのは、R&Bシンガーとして世界的な人気を博していたボビー・ブラウンのバックダンサーで、日本のダンサーにとっては憧れの存在だった。

これがきっかけで、HIROさんはZOOと並行して、アンダーグラウンドで踊るジャパニーズ・ソウル・ブラザーズ、略してJSBを結成する。

ZOOが解散し、JSBも活動を休止していたんだけど、HIROさんが復活させて、僕らに一緒に踊らないかと誘いをかけてくれたというわけだ。

舞台は、当時の日本のアンダーグラウンドダンスシーンの最高峰とみなされていた、MAIN STREETだった。

あのHIROさんとBOBBYさんに声をかけられたっていうんで、僕らは有頂天《うちょうてん》になった。

何度も書くけど、HIROさんは僕らダンサーにとっては雲の上の人だった。神様に、一緒に踊らないか？　と声をかけられたみたいなものだ。

実をいうと、その少し前、僕らは『ハーレム』というクラブで生身のＨＩＲＯさんとすれ違っている。

目の前をＨＩＲＯさんが通ったときは、緊張してただ見つめているだけだった。後になってその話をＨＩＲＯさんにしたら、「こいつらがＢＡＢＹ ＮＡＩＬか」ってわかっていたけど、顔を見ても挨拶するわけじゃなし、ただ睨《にら》んでくるだけだったから、「なんだ、こいつら。ガラ悪いなあ」って思ったって言われて、大笑いしたことがある。僕らとしては、ただ「あ、ＨＩＲＯさんだ。やべえ、やべえ」って固まっていただけなのだ。

そのＨＩＲＯさんと同じステージに立てるのだ。自分たちも一流ダンサーに仲間入りしたようなふわふわした気分で、リハーサルのために指定されたスタジオに行った。麻布十番にあったａｖｅｘさんのスタジオだった。

ダンスの練習をスタジオでやるってだけで、僕らは舞い上がっていた。

いくらアンダーグラウンドで人気があるといっても、僕らの練習場はストリートのショーウインドーの前だった。
ダンサーとして顔を知られるようになってからは、そうやってショーウインドーの前で踊っていると、「ダンス教えてください」って寄ってくる連中が増えた。ひとり１０００円とか２０００円もらって、ダンスを教えた。それを僕らはスクールと呼んでいた。星空の下の、ストリートのスクールだった。

だから当時の僕らには、本格的なスタジオでダンスのレッスンをするなんて、まったく別世界の話だった。

その別世界の話が現実になるのだ。

恐る恐るその別世界……いや、スタジオのドアをガチャッと開けた。すると、そこに居たのは隅っこの椅子で青いダウンジャケットを着て、競馬新聞を夢中で読んでいたＨＩＲＯさんだった。

あの光景は、今でも忘れられない。青いダウンジャケットを着て競馬新聞を読んでるＨＩＲＯさんが、なんだかやたらとカッコよかった。

ものの凄く緊張しながら「初めまして」と声をかけると、ＨＩＲＯさんは競馬新聞から顔を上げた。その笑顔が優しくて、ほっとしたのを憶えてる。わざと冗談を連発して、緊張してる僕らを和《なご》ませてくれた。なんていい人なんだと、そのとき物の凄く感動したものだ。

ＪＳＢとＢＡＢＹ ＮＡＩＬが合体した、ＭＡＩＮ ＳＴＲＥＥＴのステージは大盛り上がりだった。今でも伝説のショーとして、アンダーグラウンドのダンサーの間で語り継がれているようだ。

その後も、いくつかのショーで僕らはＪＳＢと一緒に踊った。

ショーのフライヤーに記載されたチーム名はＪＳＢで、ＢＡＢＹ ＮＡＩＬの名はどこにもなかった。僕らはＪＳＢの一員としてステージに立ったのだ。

それは僕らも望むところで、ＪＳＢの一員として紹介されたのは素直に嬉しかった。それはつまりアンダーグラウンド最高峰のユニットのクルーと認められたってことだから。これでＪＳＢを名乗れるぜって、誇らしい気分だった。

とはいえ、ＨＩＲＯさんに呼び出されてある相談を受けたときは、ちょっとばかり考え込まざるを得なかった。

ＨＩＲＯさんはＪＳＢをＪ Ｓｏｕｌ Ｂｒｏｔｈｅｒｓと改め、メジャーデビューするという計画を僕たちに話してくれた。ａｖｅｘの松浦勝人さんが協力してくれるという夢のような話だった。だけど、松浦さんの構想はボーカルひとり、ダンサーふたりの３人のユニットだ。

ボーカルはＳＡＳＡさんという人に決まっていた。ダンサーのひとりはＨＩＲＯさん。もうひとりのダンサーを、ＢＡＢＹ ＮＡＩＬから選びたいという話だった。

メジャーデビューという響きは心をくすぐったけど、それは僕らの中のひとりだけなのだ。
それはある意味、ＢＡＢＹ　ＮＡＩＬ解散の危機だった。

TRACK #2　ÜSAの場合

ジャッキー・チェンへの憧れが、ボクを強くした。

子どもの頃は、自分が将来、ダンスをやるようになるなんて1ミリも思っていなかった。

ダンスからいちばん遠い場所がもしあるとしたら、子ども時代のボクはそこに住んでいた。

理由はいくつかある。

小学生の頃は、カラダがとても弱かった。喘息《ぜんそく》だったから、ちょっと走っただけでヒーヒーいったり、ちょっとしたホコリですぐに咳《せき》の発作を起こしたりしていた。

親がすごく心配して、スイミングスクールに行かされたり、喘息に効きそうなものをいろいろ試させられた。

だけど、ボクは気分が乗らない限りは何にもハマらない、ガンコな子どもだった。幼い頃からそうだった。

だから、親に行かされた習いごとは、ことごとく続かなかった。

親からすれば、心配な子どもだったと思う。カラダが弱いだけじゃなくて、何をやっても、ぜんぜんやる気を出そうとしないから。

ボクが変わるきっかけは、小学5年生のときに観た、ジャッキー・チェンの映画だった。

ジャッキー・チェンのカンフーアクションが、ボクの心のどこかに触れた。

それで、翌週から日本拳法《けんぽう》を習い始めた。

気分が乗らないと何にもハマらないけど、乗ると夢中になってしまう。まるで狂ったみたいに拳法の練習をした。小5のくせに、「修業したい」なんて言っていた。ボクが通っていた道場では週に2回しかレッスンがなくて、ぜんぜん物足りなかった。

道場にいる高校生の先輩が、夜、公園で練習してるって話を聞いて、毎日のようにその人のところに通った。気がついたら、喘息がすっかり治《なお》っていた。

人生の最初にそういう経験をしたことは、その後の人生にとても役立った。拳法を夢中でやっていたら、一生付き合わなきゃいけないと思っていた病気が、すっかり治ってしまったのだ。

それは、ボクの生まれて初めての成功体験だった。

中学生になって、サッカー部に入った。サッカーは小学生の頃から好きでやってたけど、クラブチームに入ったりはしなかった。空き地での草サッカーだったから、中学生になったらサッカー部に入ろうと決めていたのだ。

ポジションはフォワードで、ライン際《ぎわ》のドリブルが得意だった。自分から切り込んでいってシュートするんじゃなくて、そこからセンタリングを上げるというタイプの選手だった。

サッカーは中学1年から高校を卒業するまでやっていた。地区大会で予選落ちというレベルだったから、華々しい活躍はひとつもない。だけど、チームの仲間と何かひとつのことに向かって努力するのが楽しかった。

ダンスを始めたのも、サッカー部の仲間と一緒だった。

もっとも、ダンスを始めるまでには、ちょっとだけ曲がりくねった道がある。

その紆余曲折《うよきょくせつ》の原因は、ウチの父ちゃんだ。

父親は調理師の免許を持っていて、昔は自分で料理もしていて、ボクがモノゴコロついた頃には、経営者としていくつかお店を持っていた。音楽好きで、ダンスも好きで、あちこち遊び歩くのが好きな人だった。

ちなみに母親との出会いはどこかのディスコだったらしく、その母親も若い頃はスクールメイツ（80年代、特に人気を博したバックダンサーチーム）に憧れてたとかで、だから、まあ、ウチはいつもダンスミュージックが流れていた。父ちゃんは自分のことをファンキーサミーと称していたくらいだ。

このファンキーサミーが、誰とでも友だちになっちゃう人で、ちょっと六本木に遊びに行ったかと思うと、そのときに知り合った外国人が、翌週の鍋パーティに来てるみたいなことが、しょっちゅうあった。

ボクとしては、「誰、この人？」なんだけど、パーティに来ただけじゃなくて、そのまま何ヶ月も、横浜のウチに住んでいたりとかしていた。

その中には、英会話の教師もいれば、ドイツのCNNのニュースキャスターもいた。アメリカのクラウンカレッジを卒業した本職のピエロもいた。まるでテレビドラマか何かみたいだけど、それを地で行くのがウチの父ちゃんだった。

たいして広くもないウチの中に、父ちゃんが引っ張り込んできた、誰だかよくわからない人々がうろうろしているのは、ナイーブな子どもの精神安定にはあんまりいいものではない。

彼らはボクに基本的には優しくしてくれるわけだけど、多感で引っ込み思案な少年（←ボクのこと）には、ご機嫌取りなのかなんなのか、いろんな人が自分の国の言葉で話しかけてくるのは、けっこうなストレスだった。

いや、それでも、彼らがリビングで静かに談笑しているくらいならいいのだ。ボクに関係のないところで、楽しくやっている分には、何も文句はなかった。

だけど、ウチでは頻繁《ひんぱん》にホームパーティが催《もよお》されていた。

パーティとまではいかなくても、そういう感じでどこかの誰かがウチに遊びに来れば、お酒は出るし、音楽がかかるのは自然な流れだった。なにしろファンキーサミーの家なのだから。

狭いリビングでガンガン音楽をかけながら、父ちゃんはどこの誰かもよくわからない外国人たちと踊りまくっていた。

サイアクなのは、隙《すき》あらば、ボクをそのダンスの場に引きずり込もうとしたことだ。

「ヨシヒロ、踊れ！」

酔っ払った父ちゃんに、そう絡《から》まれるのが、子どものボクにはほんとユウウツだった。

「絶対踊らない！」

ココロに固く誓っていた。

誰が、あんなカッコ悪いことするもんか。

ダンスがどうのこうのという以前に、思春期に差しかかろうとしていたボクには、親の前で踊るなんてできるはずもない。あんなに、キマリの悪いことはない。

自分の部屋に引っ込んでも、リビングの大音量は響いてくる。布団をかぶって、耳を塞《ふさ》いで寝た夜が何回あったことか。

父ちゃんのおかげで、ボクはもう少しでダンスが大嫌いになるところだった。

ダンスは、ファンキーサミーの大好物だった。

その大好物が、ボクにはうんざりだった。

ダンスは、ファンキーサミーの象徴のようなものだったから。

そういうイミでは、あれはボクの反抗期だったのかもしれない。

父ちゃん的なものに反抗して、ボクは大人になりたかっただけなのかもしれない。

その証拠に、もう少しで大嫌いになるところではあったけれど、完全に嫌いにはならなかった。嫌いだ、嫌いだと言いながら、ちょっと横目でチラッと見たりしてた。

父ちゃんは、ときどきボクを米軍のベースに遊びに連れていってくれたりした。そこで見かけたガタイのいい黒人の兵士たちは、子どもゴコロにカッコいいなと思った。

ちょうどその頃、ダンスブームがやってきた。テレビでも、ダンスの番組をよくやっていた。ボクがよく見ていたのは『ダンス甲子園』。高校生が、ダンスコンテストを繰り広げるのだ。父ちゃんのダンスと違って、それはなんだかやたらとカッコよく見えた。

カッコいいと思えば、真似したくなる。

親のいないところを狙って、こっそり音楽をかけ、ダンスの真似事をしてみたりするようになった。完全な独学だった。ボビー・ブラウンとか、M.C.ハマーとか、ZOOのHIROさんとか、好きなダンサーの踊りを録画して、繰り返し観ては、動きをコピーしていた。

いつだったか、部屋でこそこそ踊っていたら、ガチャッとドアが開いて、母ちゃんに覗《のぞ》かれたことがある。ボビー・ブラウンがよくやっていた、腰を振るダンスが流行っていた時期で、よりによってその腰を振っているところだった。

母ちゃんが、「えっ？」という顔になった。

顔から火が出るほど、恥ずかしかった。

「ダンスなんて絶対やんねえよ！」って、宣言までしてたのに……。

母ちゃんは、笑いながら、でも何も言わず、ドアを閉めてくれた。

父ちゃんのダンスを真似してるわけじゃなくて、これはボビー・ブラウンのコピーなんだけど。

そう言いたかったけど、そう言っても、同じことだった。

ボクは結局、踊っていた。

父ちゃんの目から見れば、同じことだ。

母ちゃんに話を聞いて、「ヨシヒロは、やっぱり俺の息子だ」と思ったことだろう、たぶん。

いや実際、ボクは父ちゃんの子だったんだと思う。

あ、それは当たり前か……。


言葉では上手く表現しづらいけれど、そういうふうにして踊り始めるまで、ボクの中には不完全燃焼のカタマリみたいなものが眠っていた。極度の恥ずかしがり屋のくせに、ココロの底には目立ちたいという欲望が、いつも渦巻《うずま》いていた。

でも、どうやって自分を表現すればいいのかわからなかった。人前には立ちたいんだけど、何をして、人前に立てばいいんだろう。歌は下手だし、しゃべるのも得意じゃない。何か面白いギャグを持っているわけでもなかった。

ココロのどこかで、それをずっと探し続けていたんだと思う。

その突破口《とっぱこう》を、ダンスが一気に開いてくれた。

父親に「踊れ」と言われたときは、あんなに嫌だったはずなのに、自分で踊ってみたら、それは自分のココロとカラダにぴったりとハマった。

これなら、恥ずかしがり屋のボクでも、自分を表現できる。

「これしかない！」と、ココロのどこかで囁《ささや》く声が聞こえた。


いい年のオトナになった今思えば、父親が「踊れ、踊れ」とけしかけたのは、ボクのココロの殻《から》を破ってやろうという親心でもあったのかもしれない。

自分をどう表現していいかわからずに悶々《もんもん》としていたボクを、父ちゃんは見るに見かねていたのかもしれない。米軍基地に連れていってくれたのも、自分の好きな世界を見せて、ココロの中に引きこもったボクを、引っ張り出そうとしたのかもしれない。

ダンスには、自分の中に眠っている何かを解放する力がある。

少なくとも、ボクにとってはそうだった。

自分を上手く表現できないもどかしさに苦しみ、がんじがらめになっていたボクを、ダンスが一気に解き放ってくれた。言葉だけじゃなくて、カラダでもコミュニケーションができるんだってことを教えてくれた。

何よりもダンスは、練習さえしっかりすれば、恥ずかしがらずに人前で踊れるのだ。

いや、ほんとのことをいえば、最初はやっぱり恥ずかしい。でもダンスにはその恥ずかしさを乗り越えさせてくれる力があった。動きがカラダに染《し》み込むまで、きっちり練習さえしておけば。

音楽が、リズムが、カラダを動かしてくれるから。

そしてカラダが動き始めれば、最初に感じていた恥ずかしさは、いつしか心地よい緊張に変わる。同時に、みんなの前で自分を解放して踊ることが快感になる。

踊り始めたばかりのボクが、どのくらいまでそういうことを考えていたのか。あれからいろんなことがあったから、今となってはかなり曖昧だ。とにかく、ダンスについていちばん大切なことを体感したのは、親に内緒で密かにダンスの真似事を始めたあの最初の段階だったことは間違いない（それは中学2年生くらいのことだったと思う）。

ダンスは自分で踊って初めて、その素晴《すば》らしさがわかる。

踊ってみなきゃ、何ごとも理解することはできない。

それは、人生にとてもよく似ている。

ファンキーサミーが、いきなり見せた「父親の顔」。

ダンスを始めたことは、家族の間ではヒミツでもなんでもなくなって、ボクとしても正式に「ダンスやってるんだ」と打ち明けざるを得なくなった。

それからは、父ちゃんからランニングマンとかロジャーラビットとか、いくつか代表的なステップを教わったりもした。ダンスが好きになった途端に、ウチにジェームス・ブラウンのCDがあったり、「あれ欲しいな」と思っても買えないレコードとかが山ほどあったことに気づいて「超ラッキー！」と思ったのを憶えている。あのときばかりは、父ちゃんに感謝した。

そのうち、サッカーの部活終わりにたまっていた駐車場で、仲のいい友だちと練習するようになった。その友だちとふたりで、中学3年の文化祭の出し物でダンスをやろうとしたときは、学校側から「前例がないから」という理由で、許可されなかったという悲しい思い出がある。

高校生になって、部活はサッカー部を選んだけど、ダンスもこっそり続けていた。世の中にダンス人気が広まったせいか、一緒に踊る仲間も増えた。ただ全員サッカー部だったというのが実情だ。

高1のときは、5人でチームを組んで、文化祭で踊った。そのうちふたりは途中でやめてしまい、残った3人で「まさお」というチームを作って、ダンスコンテストにも出場した。

川崎駅のルフロンという大型商業施設主催のダンスコンテストだ。

ボクはそこで初めてマッチャン（MATSU）と出会った。

いや、彼はボクより1学年先輩なので、当時はマッチャンさんと呼んでいた。

「まさお」というチーム名は、メンバー3人の苦肉の策だった。

コンテストの審査基準を見たら、技術と構成とユーモアと書いてあった。技術と構成は自分たちの実力を出すしかないけど、ユーモアの部分はなんとかできるんじゃないか、何かやっぱり面白いネタを考えようということで、ある設定を考えた。

チーム名が「まさお」なのは、まさおという病気の仲間がいるからだ。そいつのためにボクらは頑張っている、という設定だ。

なんでそれがユーモアになるかというと、最後の決勝戦のＭＣで、その「まさお」がパジャマ姿で舞台に上がって元気な姿を見せて、全部が架空の設定だったことをバラすという……。いや、ほんと、くだらないオチなんだけど、まあ、高校生の考えることだから……。

このコンテストに、マッチャンは「ダスキン」というチームで出場していて、ボクらはそこで顔見知りになった。マッチャンは今も、この話になると、ボクのことをモップ・ドレッドと言ってからかう。

あの頃、ボクはとにかくドレッドヘアに憧れていた。「まさお」の３人のメンバーのうちのひとりは、サッカー部をやめて、髪をドレッドにしていた。それが、羨《うらや》ましかったこともある。

ドレッドなんかかけたら、もちろんサッカー部はクビだった。

高校のサッカー部は弱小で、みんな遊びに走って部員はどんどんやめていき、ボクらの学年は3人にまで減っていた。ボクがやめたら、試合にも出られないという状態だった。だからボクはどうしてもクビになるわけにはいかなかった。

だけど、髪はどうしてもドレッドにしたかった。

ドレッドにはしたいけど、クビにはなりたくない。クビにはなりたくないけど、なんとかドレッドにしたい……。夢と現実の板挟《いたばさ》みになって、追い詰められたネズミみたいに、なんとか抜け道はないかと、いや、なんかドレッドの代わりになるものはないかと、部屋中探していたら、たまたまそこにあったモップがドレッドに見えてきた。

これ、黒く塗ったらドレッドになるんじゃないの？

白髪《しらが》染めでモップを黒く染め、ちょっと炙《あぶ》ってチリチリにして、帽子の後ろに貼りつけた。

この帽子をかぶれば、ドレッドヘアに……見えなくもない。まあ、舞台の上なら、見破られないだろう。

というわけで、そのルフロンのコンテストで、ボクはその帽子をかぶって踊り、20年以上経った今も、マッチャンにモップ・ドレッドとからかわれることになったわけだ。ヤレヤレ。


そのときボクは高校3年生で、そろそろ進路を決めなきゃいけなかった。

進路については、正直すごく悩んでいた。

高校の三者面談で、担任と親とボクとの三者で話をしたときに、成績がとにかくとんでもなく悪かったこともあり、「お前は進学はないな」と、担任からドサッと就職案内を渡された。

高校3年間の記憶は、ダンスとサッカーしかなかった。勉強にはまったく興味がなくなっていたし、ボクとしても進学するつもりはまったくなかった。

だけど家に帰って、渡された就職案内をペラペラとめくっているうちに、ひどくブルーな気分になった。

就職案内は分厚かった。けれど、ココロがワクワクするような会社はひとつもなかった。この中から自分の人生を選ばなきゃならないと思ったら、突然人生がとんでもなくつまらないものに思えてきた。

それで、激しく落ち込んだ。2時間くらい……。

2時間くらい激しく落ち込んで（ボクが落ち込める最長時間だ）、やっぱり自分はどうしてもダンスを続けたいんだということに気がついた。日本拳法も、サッカーも、やっているときにはかなり本気でやっていたけど、やめたときに未練はなかった。

だけど、ダンスはそうはいかなかった。このままやめてしまいたくなかった。

2時間悩んで、本当は何がやりたいのか考えて、もう踊りが上手くなりたくてしょうがないことに気づいた。自分は、プロのダンサーになりたい。だからニューヨークに行きたいって、ほんとに、ほんとに思った。

その気持ちを、親に伝えた。

きっと、わかってもらえると思った。

すんなり受け入れてくれると思った。

なんといっても、父ちゃんはファンキーサミーなのだから。

幼いボクに、「踊れ、踊れ」とけしかけた父ちゃんなのだから。

けれど、ボクの話を黙って聞いていた父ちゃんは、信じられないことに、ごく普通の親の顔になっていた。

「そんなプロのダンサーっていっても、それをやってどうなるっていう道筋は立てているのか？　そういう道はあるのか？」

いつになく、厳粛《げんしゅく》な顔で父ちゃんは言った。

そんな道筋なんて、あるわけがなかった。プロのダンサーなんてものが、この日本で成立するのかどうかも、よくわからなかったわけだから。

「……わかんない。わかんないけど、でもなりたいんだ」

聞き分けのない、だだっ子のような答えしか出てこなかった。

なんだよ、突然普通の父親みたいな顔しちゃって。

夜な夜な、大音量のダンスミュージックで、息子の安眠を妨害していたくせに。

同じアホなら、踊らにゃソンとか、言ってたんじゃないの？

それでも、ファンキーサミーか？

ランニングマン、一所懸命教えてくれたじゃないか。

はしごかけといて、はずすようなことよくするねえ。

いろんな思いは駆け巡ったけど、父ちゃんの言っていることにも一理《いちり》あるわけで、息子としては黙り込むしかなかった。

ボクのココロの中にあったのは、言葉にできないような漠然《ばくぜん》とした思い、きっとうまくいく気がするんだけど……とか、そういう根拠はないけど、揺《ゆ》るぎない自信だけだった。

今なら、父親の思いは理解できる気がする。むしろ、ダンスが好きだったからこそ、それで生きていくのがどんなに大変なことかをよく知っていたのだろう。実際、ＨｉｐＨｏｐのダンスのプロとして食べている人なんて、その当時の日本にはそう何人もいなかった。

だけど、ボクはとにかく諦《あきら》め切れなかった。

子どもっぽいかもしれないけれど、なんの見込みもなかったけれど、なんとかしてやるという決意が、ココロの底で燃えていた。

とにかく、ニューヨークへ行ってみたいんだ。親に迷惑はかけないし、お金も自分で貯めていくから。ニューヨークへ行って、駄目だったら、またそのときは考えるから。

ほとんど泣き落としで、なんとか許してもらった。

それから３ヶ月間、バイトをいくつもかけ持ちして旅費を貯めた。

こうして高校を卒業した年の夏休み、ボクはニューヨークに飛んだ。マッチャンたちと一緒に。

恐怖のあまり、1週間は踊れなかった。

これは後から聞いた話。あのとき父親がなんとか許してくれたのは、どうも母ちゃんの後押しがあったらしい。前にも書いたけど、ボクの母親は、若い頃、スクールメイツに入りたかったくらいで、ダンサーになりたかったのだそうだ。

その夢はかなえられなかったけど、男の子が生まれたら、ダンサーにするのが夢だったという。だから、ボクが両親の前で「プロのダンサーになりたい」と告白したとき、内心では「キター！」って思っていたらしい。その場では、そんなことおくびにも出さなかったけど。

でも、そういうことなら、ボクは母親の思い通りに育ったということになる。

ボクが生まれたとき母ちゃんが思ったことが、現実になったというわけだ。

親の思いは、嬉しいような、オソロシイような……。

ニューヨークの第一印象は、まるで夢みたいだった。

空港を出ると、空気まで輝いているみたいだった。建物の影や通路の巨大なゴミ箱さえも、なんだかニューヨークっぽくてカッコいい。

タクシー乗り場に並んで、あの黄色いキャブに乗るってだけで、映画の登場人物になった気分だった。誰かが運転手に「ＨＯＴ97にして」と言った。

運転手はチラリとボクらの格好に目をやると、ニヤリと笑ってラジオのスイッチに手を伸ばした。

ラジオから大好きなＨｉｐＨｏｐの曲が流れ始めた。次の曲も、その次の曲もＨｉｐＨｏｐだった。

「ＨＯＴ97は、ＨｉｐＨｏｐ専門のＦＭ局なんだ」

誰かが、そう教えてくれた。

ワオ！　ニューヨークには、ＨｉｐＨｏｐのラジオ局まであるんだ。

その音を聴きながら、ニューヨークの街を走ってるだけで、「すでにダンスが上手くなったんじゃない⁉」みたいな気分だった。ニューヨークマジックに速攻でかかってしまった。

「いや、ほんと最高。来て良かった！」

まだ、ホテルに向かうタクシーの中だっていうのに、そんなことを言って騒いでいた。

その夜、初めて行ったクラブで、黒人の大男たちに囲まれるまでは……。

高揚感《こうよう》は、いつまでも続かなかった。

最初に行ったクラブは、確かチェルシー地区の『トンネル』だった。昔の鉄道の駅を、煉瓦《れんが》造りの外観はそのままに内装を改造したクラブだ。マンハッタンで最もホットなクラブって話だったけど、ボクには周りを見回す余裕なんてなかった。

日本のクラブとは、雰囲気がまるで違った。

大好きなＨｉｐＨｏｐの曲が流れていれば、どこであろうと自然にカラダがリズムを取り始めるはずなのに、そこではそうならなかった。初めて海を見た子どものように、ボクのカラダは固まっていた。

トンネルのように細長いフロアに入ると、ボクがあんなに憧れた、ドレッドヘアの黒人たちが群れていた。米軍基地でもカッコいい黒人兵をたくさん見かけたけど、数と密度が桁《けた》違いだ。気がつけば、やたらとガタイのいい黒人たちに囲まれていた。

日本ではギュウギュウ詰めの満員電車に乗っても見下ろされることはあま

りない。でも、そこでのボクはマンハッタンの高層ビル群の間にポツンと残された、古ぼけたアパートみたいなものだった。一緒に店に入ったマッチャンたちはどこにいるのやら、ダブダブのラルフローレンでキメた金ピカの高層ビル街に阻《はば》まれて、姿を探すこともできなかった。

そのフロアで何百人踊っているのか見当もつかなかった。日本人はボクらだけに見えた。日焼けサロンに通って日焼けして、美容室の椅子に何時間も座ってドレッドかけて、黒人になったつもりでいたけれど、そのマンハッタンのクラブでは、頭のてっぺんから爪先まで、ボクは日本人だった。

視線がブスブスと音を立てて、ボクの肌に突き刺さるようだった。踊りながらチラチラとこっちを見ているのがわかった。外国で誰かと目が合ったら、にっこり笑って挨拶した方がいいよと、母ちゃんは教えてくれたけど、そんなことしたら殴られそうな雰囲気だった。

森でオオカミに睨まれた子ヒツジみたいに、怖くて動けなかった。ずっと突っ立っていたら、誰かの足を踏んじゃって、胸ぐらを摑《つか》まれた。

「%%%〇×××@@！」

「うわーっ、もう帰りたいよお」

10年前なら、泣きべそをかいていたかもしれない。

安全な場所を探して、おどおどあたりを見回していると、隣でいきなり喧《けん》嘩《か》が始まった。

「〇×%&$＊＊ファマザ＊＊カ！」

「%%%%ダマス%$$#$$$！」

目を血走らせ、口から唾《つば》を飛ばし、怒鳴り、相手の鼻先に人差し指を突きつけ、肩を押し、殴り合いが始まる。まるで映画みたいだけど、それは現実で、現実の喧嘩は鳥肌が立つほど恐ろしかった。

「うわ、なんだここ！」

踊りに来たことなんて、すっかり忘れていた。

「最初だから、緊張するのはしょうがないよ。すぐ慣れるって」

誰かがそう励ましてくれたけど、翌日も同じだった。

頑張って1週間通《かよ》った。

ぜんぜん慣れなかった。

通えば通うほど、周囲の視線はきつくなる気がした。

「なんだ、こいつ？　ドレッドは一人前だけど……。中国人？　日本人？」

クラブに集《つど》うお洒落な客たちの、ココロの声が聞こえた。

意を決して踊ろうとすると、生唾《なまつば》が喉《のど》を塞いだ。ゴクリと喉を鳴らして、唾をのむ。動けなくなる。いつしかダンスと出合う以前の、臆病で、引っ込み思案で、人前に出るのが大嫌いなボクに戻ってしまっていた。

そういうことの繰り返しに、ボクはだんだん疲れていった。

時間をかけてトイレに行ったり、隅《すみ》っこの壁に背中をつけ、疲れて休んでいるふうを装ったりしながら、みんなが帰ろうと言い出すまで時間を潰《つぶ》すのが、いい加減嫌になった。

そして、ふと我に返った。

「俺、こんなとこで何やってるんだろう？」

いったい、なんのためにあんなに必死でアルバイトをしたのか。

ニューヨークに来るために、3ヶ月間働き詰めだった。製菓会社の製造工場にこもって1日7時間働きながら、粗暴《そぼう》な監督のいるビルの解体現場と、デパートの荷物の仕分けのアルバイトをかけ持ちした。仕事がきつ過ぎて、ストレスでアトピー性皮膚炎になった。

アルバイトしまくってお金を貯め、ソウル経由の安チケットを買い、なけなしの30万円を握りしめてニューヨークまで来たのは、踊りが上手くなりたかったからじゃなかったの？

目の前では何百人も踊っていて、しかもボクの大好きな曲がかかっているというのに、こんなところで自分はいったい何をしてるんだろう。

ここで、じっと突っ立ったまま、ボクはいったい何を守ろうとしてるんだろう。
まるで、バカだ。
小心な自分に、いい加減うんざりした。
「もう、いいや」と、思った。
周りに笑われようが、罵《ののし》られようが、ちょっとくらい小突かれようが。
まさか、殺されはしないだろう……。
「どうにでもなれ」
小さく呟《つぶや》いて、ボクはステップを踏んだ。
バンジージャンプの飛び込み台から、真《ま》っ逆《さか》さまに飛び降りるような気持ちだった。
いくらニューヨークだって、クラブで踊るのにそんな覚悟が要《い》るの？
笑う読者もいるかもしれない。だけど、ボクにはホントにそれくらいの勢いが必要だった。
なにしろカラダが、ガチガチに固まっていたから。
勢いつけて、やぶれかぶれで、心臓をバクバクさせながら、踊った――。
踊り始めたら、何かがふっと変わった。
昔、初めて行ったクラブで踊ったときの、恥ずかしさの混じった高揚感を思い出した。
だんだん楽しくなって、夢中で踊っていたら、誰かに声をかけられた。
「&&&$$#” #!」
相変わらず何言ってるのかわからなかったけど、罵られているんじゃないことはわかった。
黒人の巨漢がボクを見て、笑っていた。
その隣の黒人が、手を差し伸べてきた。
「@@@@!!!!」

思わずその手を握り返した。

汗ばんだ手を握ったら、なんて言ってるのかが伝わってきた。

「お前、やるじゃん」

後ろの誰かが、ボクの背中をポンと叩《たた》いた。

振り向くと、その人も笑っていた。

「イェーイ」

その言葉の意味だけは、通訳なしでもよくわかった。

景色がいきなり変わった。

なんだ、日本と同じじゃん。

楽しめばいいんだ。


怖かったのは、自信がなかったからだ。こんな場所で、下手くそなダンスを踊ったら、周りの黒人たちにバカにされるんじゃないか。それが、怖かった。

自分で勝手に壁を作っていたのだ。壁を作って、目も耳も塞いでいた。

そう気がついて周りを見回せば、ダンスがムチャクチャ上手い人もいるけれど、正直いって下手くそな人もけっこういた。ニューヨークの黒人は、全員ダンスが上手いものだと思っていたけど、それは思い込みだったらしい。なんだ、あのへっぴり腰は。……いや、いや、それは失礼というモノです。ダンスのスタイルは、人の数だけあって、本人がそれで良ければ誰にも文句を言う筋合いはない。大事なことは、楽しむこと。上手くても下手でも、そんなことぜんぜん関係なく、みんな最高に楽しそうに踊っていた。

そりゃそうだよね、愉快に過ごしたくて、みんなここに遊びに来ているわけだもの。

そんな場所で、おどおどして突っ立ってるやつがいたら、怪訝《けげん》な顔で見るのは当たり前。

不機嫌な顔を見れば、不機嫌な顔になる。ただ、それだけのことだった。

つまり、ボクは鏡に映った自分の顔を見て、怯《おび》えていたというわけだ。

いや、そうはいってもそこが日本に比べれば、危険な場所であることに変わりはない。

マンハッタンのクラブはまるで、カオスみたいだった。

喧嘩や小突き合いは毎晩のようにあったし、ときには「パンッ！」という乾いた銃声がしたり。

でも、翌日になればまた、何ごともなかったかのように、フロアは人で満杯になる。

ボクには、多少刺激が強かったけど、そういうことを何回か経験して、どう動けばいいかがわかると、落ち着いて周りを見ることができるようになった。

落ち着いて見回せば、日本もアメリカも、本当のトコロでは、あまり違いがないんだということも理解できた。言葉が通じなくたって、ダンスには人と人のココロを通じ合わせる力がある。この発見が、後のDANCE EARTHという活動につながっている。

それから、もうひとつ。ボクにとっては、大切な学びがあった。

たとえばダンスバトル。クラブでみんなが輪っかになっていて、その真ん中に出てひとりで踊るあれだ。あのダンスバトルに出るのは、やっぱり勇気がいる。上手い人がいっぱいいるし、自分が出ていって、外しちゃったらどうしよう、とか。正直それまでは、けっこう緊張したものだ。

ニューヨークでのあの経験の後、そういう感覚はなくなった。

自分が上手いの、どうこうというより、今好きな音がかかっていて、この瞬間を楽しめばいいんだっていうふうに考えが変わった。ある意味、それがニューヨークのクラブでボクが学んだいちばん大きいことかもしれない。ダンスは今を楽しむためのものなんだ。

それを他人からどうジャッジされても「いいや」って思えるようになった。ダンスバトルの輪っかに飛び込むのが、ぜんぜん怖くなくなった。

それからボクは、毎晩ウキウキしながらクラブに通い、ホテルの部屋では同室のマッチャンと熾烈《しれつ》な「扇風機戦争」を繰り広げつつ、残り1ヶ月あまりのニューヨーク滞在を楽しんだ。怖いと思っていたのが嘘《うそ》のようだった。現金なもんだ。まあ、それがつまり、「そのうち慣れるよ」ってことなんだろうけど。

そうそう、その前年の夏にニューヨークでマッチャンが知り合った、ブライアンのことも忘れちゃいけない。彼はミュージックビデオにもよく出演している有名なダンサーなんだけど、この人がなんだかすごくボクら日本人に優しい黒人で、ブロンクスとかハーレムとか、ニューヨークのいろんなところに遊びに連れていってくれたのも忘れられない思い出だ。

彼に限らず、一見して強面《こわもて》のＨｉｐＨｏｐダンサーが、知り合ってみたら実はもの凄くいい人だったという経験はその後、何度もしている。ダンスが人を善良にするんじゃないかなあって、実は密かに思ってる。ダンスは上達すればするほどハッピーになるから、できれば自分の周りの人もハッピーにしたいと思うようになるのだ。

あと、それだけじゃなくて、彼にしてみれば、わざわざ東洋の島国から、自分たちの文化に憧れるあまり、はるばる海と陸とを飛び越えてやってきたやつらに、親切にしてやりたいって気持ちもあったのかもしれない。その気持ちは、よくわかる気がする。ボクだって、そんなことがあったら、きっと親切にしてやりたくなるもの！

まあ、それはさておき、いろいろあったけれど、やっぱり最初にキャブに乗ったときのニューヨークの印象は誤解じゃなかった。

そこは大好きなＨｉｐＨｏｐの曲が流れる、世界一愉快な土地だった。

HIROさんからの、おどろくべき提案。

ニューヨークでのいちばんの収穫は、自分がHipHopを好きでたまらないってことを、いろんな意味で再確認できたことだ。1ヶ月半はあっという間に過ぎたけど、そこで過ごした時間は、ボクの人生の中でもとびきり濃厚だった。HipHopがどういうものかってことを、肌で感じることができた。何があっても絶対に、このダンスを続けたいと思った。

そして日本に帰国したボクは、BABY NAILの一員に迎えられ、マッチャンとハルオとMAKIDAIとRYUZYと一緒にクラブのステージで踊るようになった。

ちょっとだけチャレンジだったのは、マッチャンの呼び方だった。年上だし、ダンス歴でも先輩だったから、前にも書いたように、ボクはずっと「マッチャンさん」と呼んでいた。

マッチャンの場合、「マッチャン」全体があだ名だから、後輩のボクがそのままマッチャンと呼ぶのは、呼び捨てにしているようなものだったのだ。だけど、同じチームの仲間になったからには、「さんづけは変だよ」というのが、マッチャンの意見だった。

「敬語とか、宇佐美（その頃ボクは本名で呼ばれていた）、もういいよ」さんづけだけじゃなく、ずっと敬語を使っていたボクに、ある日、そう言った。

「わかりました」と、そのときも敬語で答えちゃったんだけど。

それからしばらくして、「マッチャン」と呼んで、タメ口にしてみた。

あのときも、かなり勇気が必要だったけど。

今では、なんだか思い出すのもこそばゆい、懐かしい日々だ。だけど、そういうひとつひとつの小さな歴史があって、ボクたちは本物の仲間になった。

それから約3年の間に、ＢＡＢＹ ＮＡＩＬはアンダーグラウンドのダンスシーンでは知らない人のいないチームになった。

昔はあんなに優勝したかったコンテストには、ほとんど出場しなくなっていた。

「ボクらはもう、他人に点数をつけてもらう必要なんてない」

そう思うようになった。思い上がっていたのかもしれないけれど、でも、表現者にはそういうプライドも必要だと思う。そういう段階に、ボクらは達していた。

ボクらが求めていたのは、審査員につけてもらう点数じゃなくて、ＨｉｐＨｏｐを愛するアンダーグラウンドのダンスファンの評価だった。それは、有名なダンスイベントやショーのフライヤーに載《の》る、出演順に如実《にょじつ》に表れた。

ボクらにとっては、ショーの最後、トリを取るのが最大の目標だった。有名なダンスチームが軒並《のきな》み出演するショーの、最後に踊るということは、つまりその夜の最高のダンサーと認められることだったから。

その目標をほぼ達成し、東京や神奈川のクラブで開催される有名なショーのいちばん最後に踊る機会が増え始めた頃、ボクのダンスの師匠であるBOBBYさんから連絡があった。

JSBと一緒に、ショーに出ないかという誘いだった。

アンダーグラウンド界にいるダンサーの憧れ、BOBBYさんとHIROさんのJSBだ。

ボクらは一も二もなく、その誘いに応じ、BOBBYさんとHIROさんと一緒に踊った。

まるで雲の上で踊っているみたいな気分だった。

BOBBYさんにはダンスの手ほどきを受けていたから、元ZOOのメンバーとはいえ、生身の人間であることを知っていたけれど、HIROさんは違う。

ＨＩＲＯさんは、ボクにとってＨｉｐＨｏｐダンス界のスターそのものだった。

実をいえば、その前に、生身のＨＩＲＯさんに会ったことはある。

場所は、中目黒の日焼けサロン。そこは、ボクの父親、つまりファンキーサミーの経営する店のひとつで、ボクはそこでアルバイトをしていたことがあった。

ＨＩＲＯさんが店に入ってくるのを見て、ボクは緊張した。いつも通りにと気を落ち着かせ、何気ないふうを装って、お会計をしたのだけれど。

「あんときのÜＳＡ、なんか凶暴そうで怖かった」

後にＨＩＲＯさんにそう言われた。顔は仏頂面《ぶっちょうづら》でなんの愛想もない、髪は編《あ》み込みコーンロウで、レジを打つ右手には、指先を切り落とした革の手袋をはめていたのだとか。なんでレジを打つのに、ボクは革手袋をはめていたんだろう。

ボクとしては、同じ惑星に住んでいるとは信じられないくらいのスターを前に、緊張を隠すのに必死だっただけなんだけど……。

そんなＨＩＲＯさんと、人前で踊るってだけでも大興奮だというのに、しばらくすると、さらにＨＩＲＯさんはボクたちにおどろくべき提案をした。

Ｊ Ｓｏｕｌ Ｂｒｏｔｈｅｒｓというユニットで、メジャーデビューする気はないかというのだ。

「デビューって、ダンサーのボクらがデビューするってことですか？」

思わずそう聞き直すと、ＨＩＲＯさんがニコリとうなずいた。

TRACK #3　MAKIDAIの場合

初めてのＨｉｐＨｏｐダンスに、中学校の体育館はどよめいた。

ＨＩＲＯさんと出会ったのは、16歳のときだ。

ＨＩＲＯさんが講師をしていた、ダンス教室に入門したのだ。

ダンス教室は「ＺＯＯ　ＤＡＮＣＥ　ＳＣＨＯＯＬ」といって、東横線の中目黒駅の近くにあった。その名の通り、ＺＯＯのメンバーが講師をしていた。

講師によって、ダンスのスタイルはさまざまだった。オリジナル性を強く打ち出す人もいれば、新しいダンスのトレンドを追いかける人もいた。

ＨＩＲＯさんは、ニューヨークの最先端のＨｉｐＨｏｐそのもののようなダンサーだった。ダンスのスタイルもファッションも、ＨＩＲＯさんが身にまとっていたのは、何から何まで、当時最先端のニューヨークのダンスシーンだった。それが、ほんとにカッコよくて、野球少年だったぼくは、急激にダンスの世界へとのめり込んでいくことになる。

子どもの頃から背は高くて、足も速かった。小学生の頃は、１００メートルリレーの学校代表で、横浜市の陸上運動記録会に出場し3位に入賞したこともある。

小学2年のとき、地元の少年野球チーム、笠間ジャガーズに入った。ポジションはキャッチャーで、6年生でキャプテンになった。将来の夢は、もちろんプロ野球選手。どこのクラスにもひとりくらいはいる、典型的なスポーツ少年だった。

中学校の3年間、正確にいうなら2年半は野球部で白い球を追い続け、3

年生の夏で部活を引退して出合ったのが、ダンスだった。ナマのダンスではない。初めて見たダンスは、テレビの四角い箱の中に入っていた。

それは、当時人気絶頂だったZOOの『DADA L. M. D』という番組だった。

こういう世界もあったんだと思った。

当たり前の話だけど、ダンスは野球と違って勝負をするものじゃない。ZOOの人たちは最高に楽しそうな音楽に乗って踊っていた。勝ち負けも、点数もまったく関係なしに。それは、なんだかとても素晴らしいことに思えた。

スポーツの世界しか知らなかったぼくは、すっかり魅了されて、自分も猛烈にダンスがやってみたくなった。

ZOOのダンス番組を毎週録画して、自分の部屋で繰り返し踊っては振りつけを覚え、友だちを誘って公園で練習を重ねた。

見よう見真似のストリートダンスだ。

それを初めて人前で披露したのは、中学生の終わり、卒業生を送る会「三送会」だった。

友だちを誘って何かをするのが大好きで、小学生のときは、応援団長をやっていた。その応援団の5人組は、なぜか息が合って、その後も映画を撮って文化祭に出したり、いろんなことをやっていた。

その5人で、ラップブラザーズというチームを組んで、三送会で踊ったのだ。

曲はハーレム出身のR&Bグループ、Guyの『Her』。Guyはニュージャックスウィング全盛期の当時、最も注目を集めていたR&Bバンドだ。

後々、このGuyのリーダーだったテディ・ライリーに、『Choo Choo TRAIN』のリミックスをしてもらうことになるのだけれど、もちろん中学生のぼくは、そんな未来が待っているなんてことは思いもよらない。

ただ、中学校の体育館で流すには、かなり大人な曲だったことは間違いない。ハーレムで生まれた音楽を聴くのは初めてという生徒が大半だったと思う。いや、生徒だけじゃなくて、先生たちでさえ……。

まして、その曲に合わせて、ぼくらは踊ったのだから。

今の子たちには信じられないかもしれないけれど、その時代、小学校や中学校で、ダンスといったら普通はフォークダンスだった。あとは、せいぜい盆踊り。

ＨｉｐＨｏｐなんて、ほとんど誰も知らなかったに違いない。

あのときのどよめきは、おそらく一生忘れないと思う。

体育館にＧｕｙの『Ｈｅｒ』が流れ、ぼくたち5人がその曲に乗って踊り始めると、今まで経験したことのない歓声が上がった。当時はバンドブームで、3年生のグループは、たいていバンドを組んで曲を1曲演奏するというパターンだった。それぞれのバンドは、もちろん大きな拍手を受けていたけれど、ぼくらのラップブラザーズが浴びたのはまったく質の違う歓声だった。

単なる歓声じゃなくて、そこにはかなりのおどろきが含まれていた。

「これ、何⁉」

物珍しさと好奇心と、それから感動と。「なんだかもの凄いことが始まった」みたいな……。それは、どよめきとでも表現するしかない、普通ではあまり経験することのない、おどろきに満ちた歓声だった。

生徒だけでなく、先生たちの席でも、どよめきが広がっていた。そのどよめきは、やがて歓声に変わり、最後は大きな拍手が沸《わ》き起こった。

ぼくらがどれくらい踊れていたかは、よくわからないけれど、自分たちが何かすごいことをやってしまったことだけはわかった。

「あ、すげえぜ、これ。これ、もっとやったら、絶対すげえことになるんじゃない？」

本能的にそう思った。

あの経験がなかったら、高校でも野球をやっていたかもしれない。

別に、野球が嫌いになったわけではなかったから。

自分の得意なスポーツに打ち込む楽しさは、小学2年生の頃からカラダに染み込んでいた。今だって、野球をしたら楽しいだろうなあとは思う。

だけど、ぼくはあのとき、ダンスというものの未知なる可能性に目覚めてしまったのだ。

もっと、このダンスを極《きわ》めたいと思った。

高校生になったぼくは、野球部はもちろんなんの部活にも入らず、自由な時間はすべてダンスのために使うことにした。

こうしてぼくはスポーツ少年から、ダンス少年になった。

ただ踊るだけじゃなくて、コンテストに出てみたいと思うようになったのは、野球少年だったことも多少は関係しているかもしれない。

ダンスというものは本来、自分が楽しむためにするものではあるけれど……。同い年くらいの子たちが、テレビのダンスコンテストで踊っているのを見て、やっぱり自分のダンスがどれくらいのレベルにあるのか知りたいという気持ちが、むくむくと湧《わ》いてきた。

それで、ZOOさんのダンスコンテストに出場してみたりもした。最初に出たコンテストは、ソロのダンスでベスト20に残ることができた。

そのコンテストで仲良くなった友だちと、3人のチームを組んだ。ぼく以外のふたりは都立目黒高校の生徒だった。

元気のいい学校で、今はわからないけれど、当時はドレッドヘアで学校に通っても問題なしという話だった。だからふたりは、学ランにドレッドで高校に通っていて、それがかなり羨ましかったのを憶えている。ぼくは私立の東京高校で、校則はそれほど厳しくはなかったけれど、さすがにドレッドは禁止だった。

チーム名はＵｎｄｅｒｇｒｏｕｎｄ Ｓｔｒｅｅｔ Ｋｉｄｓ、略してＵＳＫ。ＺＯＯのファミリーで、ハウスのダンサーのＫＯＪＩさんにつけてもらった名だった。

そのＵＳＫで、川崎のクラブチッタのダンスイベントや、ルフロンダンスコンテストに出場していた。マッチャン（ＭＡＴＳＵ）とは同学年だから、ちょうど同時期にコンテストに出ていたわけだ。話をしたりとかはしていなかった。でも、この頃からなんとなく顔見知りになって、それがぼくの後の人生を決めることになる。ウッサン（ÜＳＡ）と知り合ったのは、その少し後のことだ。

「ＺＯＯ ＤＡＮＣＥ ＳＣＨＯＯＬ」に通い始めたのもこの時期、16歳の頃だ。

そこで、生身のＨＩＲＯさんと、初めて出会ったというわけだ。

出会ったといっても、ぼくは何十人もいたスクール生のひとりだから、Ｈ

ＩＲＯさんがぼくをひとりの人間として認識したのがいつなのかはわからないけれど……。

大学に行くべきか、行かざるべきか。

ブラウン管を通さずに（テレビはまだブラウン管の時代だった）、自分の目の前の空間で踊るＨＩＲＯさんは、想像していたよりもはるかに迫力があった。

なんてカッコよく踊る人なんだろうと思った。

ダンスがカッコいいだけじゃなくて、生身のＨＩＲＯさんは、もの凄く気さくで思いやりのある人だった。

ＨＩＲＯさんがどんな人かを知れば、それがＨＩＲＯさんにはいちばん自然なのだとわかる。けれど、当時のぼくにとって、ＨＩＲＯさんは気軽に話すことなんてできない別世界の人だった。もっとエラそうにしているんだとばかり思っていた。

プロの有名なダンサーが、ぼくのような子どもにまで、あんなふうに普通に話しかけてくれるなんて思ってもみなかった。

「金曜日のクラスはもっとすごい面白いことやってるから、もし良ければ、そっちに来れば？」

最初、自分が何曜日のクラスに出ていたか忘れてしまったけど、何かのときに、ＨＩＲＯさんにそう言ってもらったのをよく憶えている。金曜日は、ＨＩＲＯさんが教えていた中でも、いちばん難しい、つまり本格的なダンスのクラスだった。

ＨＩＲＯさんのクラスには、女性の生徒がたくさんいた。

カッコいいからなのはもちろんだけど、ＨＩＲＯさんは、なんていえばいいか、相手の気持ちを自然に気遣える人だったからだと思う。

レッスンの途中で、いきなり「これから、すげえいい曲かけてあげるよ」と言って、ニューヨークで流行っている最新曲を流すこともあった。レイラ・ハサウェイのバラード『Ｂａｂｙ Ｄｏｎ’ｔ Ｃｒｙ』をかけてくれた日のことは忘れられない。ダンサーたちにレジェンド、つまり伝説と呼ばれるマークエストが、ミュージックビデオで踊っていたことを後で知った。

ＨＩＲＯさんは、おそらくそんなこと憶えていないと思う。それは、ＨＩＲＯさんにとっては、あまりにも当たり前の、些《さ》細《さい》なことに違いないから。特に意識することなく他人に優しくできるのがＨＩＲＯさんで、ぼくにとっては、そういうあの人がカッコいい大人の見本だった。

なにしろスクールのトイレで、ＨＩＲＯさんが個室に置き忘れたマルボロの赤いパッケージを見つけて、それさえもなんだかやたらとカッコよく思えたくらいだから……。

それはともかく、そういうわけで、ダンス一色だった高校時代が終わりに近づいた頃、ぼくは高校卒業後の進路に関して、大きな選択を迫られることになる。

自分の思い通りに人生を選べるなら、そのままダンサーを目指したと思う。周囲の知り合いたちが、ニューヨークに行き始めた時期だった。HIROさんがかつてそうしていたように、ぼくも一刻も早くニューヨークに行って、本場のダンスと音楽に身も心もひたり切りたかった。もっともっと、ダンスが上手くなりたかった。

けれど、ぼくはその道を選ばなかった。

両親に説得されたのだ。

両親には「とにかく大学には行ってみるべきだ」と言われていた。息子のぼくが言うのもおかしいけれど、父はビジネスマンとしてかなりの実績がある人だ。誰でも知っている大企業の役員として、長年アジアの国々で現地企業の設立や経営支援の経験を重ね、その後は、アメリカでコンサルティング会社を設立しCEOになった。昔は海外出張から帰ると、よく仕事の話をしてくれた。子どものぼくにはチンプンカンプンだったけれど、父が社会的にも大きな仕事をしていることは理解できた。

父親自慢をしたいわけじゃない。父のようなビジネスの世界に生きる人にとって、ぼくの生き方を理解するのは難しいと思うのだ。ストリート生まれの音楽やダンスに夢中になって、学校の勉強を疎《おろそ》かにするぼくのことを、頭ごなしに叱《しか》りつけたって不思議はない。

しかも、姉はぼくとは正反対の優等生で、桐蔭学園からすんなり東京大学に進学している。

けれど父親は、できの悪い息子の意志を尊重してくれていた。高校に入ってから、ずっとダンスに夢中だったぼくを、黙って見守ってくれた。

そういう父の助言を、無下《むげ》にはできなかった。

大学に行ってみなければ、大学がどういうところかわからない。ダンサーを一生の仕事にするかどうか決めるのは、大学に行ってからでも遅くないんじゃないか。大学に行って、損することは何もない。

そう父に言われてみれば、確かにそうかもしれないと思った。

大学に通う時間があったら、自分はダンスをしていたいというのは、実は大学受験から逃げているだけなんじゃないか。

自分は本当にダンサーになりたいのか。

それを確かめるためにも、大学に行こうと思った。

大学に入って、それでもダンスがしたいと思えたら、そのときこそ腹を決めて、誰になんと言われようと、ダンスで生きていこう。

ダンスに費やす時間を減らし、受験勉強をして、大学を受けた。

そしてぼくは、神奈川大学の経済学部に入学した。

大学に入って、大学が何かを学ぶ環境として理想の場所であることはわかった。

大学で4年間、ある分野にフォーカスして効率良く知識を吸収すれば、その分野の専門家になることも難しくはないだろう。そういう道を選ばないとしても、友人を作ったり、世の中のさまざまな問題について考えたり行動したりする場としても、大学はとてもいいところだと思った。経済学の話でいえば、マクロ経済学の授業とか、いくつか興味を引かれたものもなくはなかった。

だけど、どんなに大学で勉強をしたとしても、自分には、そこで本当にやりたいことが見つかるとは思えなかった。

ダンスへの熱量が、大学の授業をはるかに上回っていた。

授業を受けていても、この時間があったらダンスの練習をしたいとか、ダンスの仲間と一緒に何かをしていたいと思うばかりだった。

結局、そういう気持ちの方が勝《まさ》ってしまって、1年生で取るべき単位をほとんど取らなかった。2年生になって、かなりの単位を取らないと3年生には進級できなくなっていた。

そのときには、自分ではもう大学をやめようと決めていた。

けれど、進級できないからダンスに行くというのは、自分の筋《すじ》としてどうしても嫌だった。

ドロップアウトしたからダンスの道を選んだ、みたいなことだけはしたくなかったのだ。

それで、2年目は全力で勉強して、3年生になるために必要な単位をすべて取った。

それから、経済学の教科書を持ち出して、もう1回読み返してみた。

やっぱり、ここに自分の未来はないと思った。

（経済学を勉強している読者がいたらごめんなさい。これは、あくまでも自分にとっては、という意味です。経済学という学問は、心から、世の中に必

要なものだと思っています）

ぼくは机の上に積んであった、経済学の教科書や資料を抱えて、リビングにいた両親の前に並べて言った。

「父さん、ぼくは今、こういうことをやっている。これが、自分の将来に、どういうふうに役立つのか説明してほしい」

父を追い詰めるつもりはなかった。ぼくは、本当に、それを父親に教えてほしかった。

自分がまだガキで、世の中のことをよく知らないから、ダンスに夢中になって、大切なこと、人生の正解が見えなくなっているのかもしれないと思ったからだ。

ぼくは父親の、社会や世の中を見る目を信頼していた。子どもの頃から、父はたくさんのことをぼくに教えてくれた。そういう父なら、今のぼくにはわからない、「人生の正解」を教えてくれると思ったのだ。

父はしばらく、机の上の経済学の本を、ぱらぱらとめくっていた。

いろんな思いはあったと思う。

けれど、静かな声で、こう言った。

「それをどう考えるかは、人によってそれぞれあると思う。だけど、そこまでダンスをやりたいなら、一度は全力でやってみたらどうだ。お前は若いんだから」

父の言葉に背中を押され、2年生の終わりで大学を退学した。

そして翌年の春から1年間、ぼくはニューヨークに留学する。

大学の学費残り2年分を、留学の費用に充てることを両親が許してくれた。


間違うことを恐れたら、自分を表現できない。

大学生になってからは、アルバイトをしてお金を貯めて、毎年夏休みになるとニューヨークに行ってたから、それはぼくにとって3回目のニューヨークだった。

とはいえ、せいぜい2週間の旅行と、1年の留学とでは意味が違う。ダンスを習うのはもちろんだけど、将来のためにも語学学校に1年間通って英語もみっちり勉強することにした。

幸運だったのは、その語学学校で友だちになった女の子との縁で、マークエストと知り合いになれたことだ。ぼくがダンス修業でニューヨークに来ているという話をしたら、「私の知り合いにダンサーがいるけど」と紹介してくれたのがマークエストだった。

あの、マークエストだ!

そう、HIROさんがダンス教室でかけてくれたレイラ・ハサウェイのミュージックビデオで踊っていたマークエストだ。彼はHipHop界の伝説的なダンスチーム、ミスフィッツのメンバーで、当時はマライア・キャリーやマドンナのバックダンサーとしてツアーやミュージックビデオに参加していた。

語学学校で知り合いになった子が、マークエストの友だちだったなんて、まるでドラマのストーリーみたいだけど……。

ニューヨークは、そういう奇跡が起きる場所なのだ。

マークエストは世界的にも知られたダンサーなのに、気取ったところのない、素晴らしく優しい人だった。ぼくが日本からダンスの修業に来ていると話すと、すぐに仲良くなって、一緒に遊びにいくようになった。もちろん、ダンスの個人レッスンも快《こころよ》く引き受けてくれた。

レッスンといっても、手取り足取り、動きを教えてくれるわけじゃない。スタジオで曲をかけ、それに合わせて彼が踊り、ぼくはワンカウント遅れで必死でついていくというスタイルだ。彼の変幻自在の動きについていくのは大変だったけれど、あの経験はぼくの大きな財産になった。オールドスクールの時代からのＨｉｐＨｏｐの歴史をすべて自分のカラダに染み込ませている人なのだ。彼を、生きる伝説と言う人がいる。まったくその通りだった。

彼のレッスンを受けた後は、1時間5ドルくらいで借りられる小さなスタジオで、ひとりで動きを復習して、教わったことを自分のものにした。

ぼくはニューヨークで、ダンスがもっと自由なものだったことを理解した。

それまでの自分のダンスは、極端にいえば、たとえば4つステップを覚えたら、その4つのステップを組み合わせて踊るだけのものだった。ダンスが上手くなるというのは、いかにたくさんのカッコいいステップを覚えるか、カラダの動きを覚えるかという問題だった。中学生の頃、ビデオを繰り返し観ながらダンスの練習を始めたときからずっとそうだった。

けれど、ニューヨークのダンスは、そういうものじゃなかった。クラブで見たダンスも、それからもちろんマークエストのダンスも、ぼくが思っていたよりもはるかに自由だった。

決めごとはもちろんないわけじゃない。でも、彼らはそれに縛《しば》られてはいなかった。

そのとき、その場の盛り上がりや気分や発想で、動きは無限に変化する。クラブでのダンスバトルでも、相手の踊りや、周りのお客さんに触発《しょくはつ》されて、新しい動きやステップが生まれる。たとえば帽子をかぶっているお客さんがいたら、その帽子を奪って踊ってしまったり……。

想像しきれないほどの、発想の豊かさが、可能性の広がりがニューヨークにはあった。

ステップや動きを覚えることがダンスの修業だと思い込んでいたけれど、自分が身につけなきゃいけないのは、この自由な発想だということを理解した。ダンスが自己表現のひとつだという、当たり前のことに気づかされたのだ。

逆にいえば、ぼくは型や枠《わく》に囚われ過ぎていた。

それはダンスだけの話ではない。

語学学校でも、似た経験をした。

採点された試験の解答用紙の余白に、先生がこんなことを書いてくれた。

「君の英語は、言葉の使い方も正しいし、文法的にも正確です。だけど、正しい言葉、正しい表現にこだわり過ぎて、新しい言葉とか、未知の表現を塞いでいる。正しいことや、自分がわかっていることだけで表現しようとすると、表現の幅は狭くなる。君の英語は確かに正しいけれど、その正しさに囚われ過ぎてはいけない。もっと自由になれば、君は伸びるし、表現の幅も広がると思います」

つまり、「間違えることを恐れるな」と、その先生はぼくに言いたかったんだと思う。ラケルという女性だった。試験というのは、正しい答えを書くものだとばかり思っていただけに、このアドバイスは衝撃だった。

ほんとにその通りだと思った。

そして、言葉もダンスも同じだということに気がついた。それは、自分を表現するためにあるわけで、いちばん大切なのは、何を表現するかという中身なのだ。

それまでのぼくは、そのことを忘れて、表現するための方法とか型を身につけることばかりを考えていた。表現する方法を学べば、表現者になれるとばかり思っていた。

姉は、定期的に手紙を書いて、ぼくを励ましてくれていた。そしていちばん印象に残った手紙は、やはりそのことについて書かれていた。

「英語はあくまでも何かを伝えるための手段だよ。伝える中身がなければ、どんなに英語が上手くなっても意味がない。だから、あなたの中身を成長させることを忘れないでね」

そう言われて、じゃあ自分の中身はなんだろうって考えて、なんだか自信がなくなった。

もっと周りを見回して、いろんなものを見て、聞いて、考えて、表現する。そのためには、さまざまなことにトライしなきゃいけない。それで失敗したり、間違えたりすることもあるかもしれないけれど、その先にこそ得るものがあるんじゃないか。自分の枠に凝《こ》り固まってちゃいけないと思うようになった。

1年間ニューヨークで暮らして、ぼくはたくさんのことを学んだ。同時に、自分自身についてもいろいろ考えるようになった。ダンサーはダンスが上手くなればそれでいいと、ニューヨークに行く前のぼくは考えていたような気がする。

だけど、ダンスが上手くなるためには、それだけじゃ足りないのだ。

何よりもダンスは、自己表現なのだから。

自分の中身を成長させなきゃ、いくらダンスの技術が向上しても意味がない。

なんのために踊るのか。何を目指して踊るのか。

簡単に答えの出る問題じゃないけれど、いつも心の片隅でそのことを考えるようになった。


武道館の歓声の中で、もう一歩前に進みたいと思った。


日本に帰って何よりも嬉しかったのは、マッチャンとウッサンが、また一緒に踊ろうと誘ってくれたことだ。

BABY NAILに参加したのは、ニューヨークに行く前の年だった。

マッチャンが友だちと作ったBABY NAILは、アンダーグラウンドのダンスシーンでも注目を浴びるようになっていた。そのチームのメンバーとして、クラブのイベントで踊るのはとても楽しかった。

だけど、ニューヨークに留学するのを機に、ぼくはいったんチームから抜けた。

ニューヨークから帰ってきたら、また一緒に踊ろうよとは言っていたけれど、本当にそうなるとは、正直思っていなかった。

今になってみれば、1年なんてあっという間だといえる。だけど、まだ二十歳《はたち》そこそこのあの時代、アメリカで1年間暮らすには、永遠の別れとまでは言わないけれど、すべての人間関係を一度そこでリセットするくらいの気持ちが必要だった。そうじゃなくても、ダンスシーンの移り変わりは激しいから、1年後の自分が何をしているかなんて、とても想像ができなかった。

だから、日本に戻ったらゼロから改めてスタートする覚悟だった。

そういう気持ちでいたところに、懐かしい仲間たちから声がかかったというわけだ。

それは、ほんとに嬉しかった。

ニューヨークではダンスだけじゃなくて、ＤＪの楽しさにも目覚めた。

きっかけは、ＨＯＴ97というニューヨークのＦＭ局。ＨｉｐＨｏｐの曲を専門にオンエアする老舗《しにせ》のラジオ局で、流行はこの局から始まるというくらい、旬な曲をいつも流していた。

この局で人気のＤＪは、夜になるとぼくらが遊びにいくクラブでレコードを回していた。イベントもよく開催していて、有名なアーティストやダンサーが集まって、それがほんとに最高に盛り上がって楽しかった。もの凄く盛り上がるイベントでは、ＤＪはレコードを回しているというよりも、フロアで踊っているダンサーすべてをその両手の上で、回しているように見えた。踊るのはもちろん楽しいけれど、自分のかける音楽ひとつでみんなを楽しませるＤＪのすごさをこの目で見て、自分もＤＪがやってみたくなった。

アンディーというドイツ人の友だちが機材を持っていたので、よくそれを借りて練習していた。自分の部屋にターンテーブルを持ち込み、買い込んだレコードを回した。ＤＪのレコードの回し方とか、ロジックを自分なりに解読して、ほぼ独学でＤＪの修業に励んだ。

ＢＡＢＹ ＮＡＩＬにふたたび参加したとき、この経験が役に立った。自分たちのダンスのショータイムの曲をミックスするときに、ニューヨークで培《つちか》った自分の感覚を全開にして、自分のすべてをそこにぶつけた。

当たり前のことだけど、ダンサーにとっては、ダンスの技術と同じくらい、どんな曲で踊るかが大事なわけで、アンダーグラウンドのダンサーたちの間で、「ＢＡＢＹ ＮＡＩＬ来てるね」って言われるようになったのは、ニューヨークでのぼくのＤＪ修業も、いくらかは役に立ったんじゃないかと、自分では思っている。

マッチャンとウッサンが、なんて言うかはわからないけど……。

それはともかく、この経験がきっかけになって、ぼくはＤＪとしての仕事もするようになった。

最初の頃は、もちろん仕事といっても、収入は少なかった。でも、この世界で身を立てていくための第一歩として、ぼくにとってはとても大切なことだった。

ダンサーとしての収入は、限りなくゼロに近かった。クラブのショータイムに出演すれば、多少のギャランティは出るけれど、それはほとんど衣装代に消えた。それ以外の収入といえば、ストリートでダンススクールをするくらいだった。

これは、マッチャンとウッサンもやっていた。あちこちのクラブのイベントのショータイムで名前が知られるようになると、ストリートで踊っている若い子たちから、ダンスを教えてほしいと声をかけられるようになったのだ。最初の頃は、その場で受講料をいただいて、そこでダンスを教えたりもした。ひとり2時間教えて1000円とか、2000円とか。

マークエストと同じスタイル。でもぼくらの場合は、最初はスタジオを借りる余裕もなかったので、基本的には青空、いや星空の下のスクールだった。

若い子たちに教えるのは楽しかったけれど、もちろんそれは収入といえるほどの額にはならない。

自分はこれからどうすればいいんだろう。

悩んでいたといったら、言葉が強過ぎるかもしれない。BABY NAILのメンバーとして、マッチャンやウッサンと踊るのは楽しかったし、それこそが自分の生き甲斐だと感じていた。そのBABY NAILが多くのダンサーに支持されているということも、大きな励みになっていた。

自分の人生に不満を感じていたわけでもない。

ただ、将来に対して漠然とした不安を感じていた。今はなんにも問題ない。けれど、2年後3年後の自分はどうなっているんだろう。

ダンサーの友人から「MISIAさんのバックダンサーをやってみる気はない？」という誘いを受けたとき、すごく嬉しかったのは、そういうことを考えていたからでもあった。

ＭＩＳＩＡさんの音楽が大好きだったということもあったし、何よりも自分が師匠とした人、マークエストがマライア・キャリーのバックダンサーだった。ＨｉｐＨｏｐのダンサーとして身を立てるには、それ以上理想的な方法はない。少なくとも当時のぼくはそう思っていた。

そんな幸運が自分の上に降りてくるなんて、信じられなかったけれど、実際にその幸運が目の前に現れたのだ。

それはＢＡＢＹ ＮＡＩＬの活動からは遠ざかることを意味した。でも、ダンスを仕事にするには仕方ないことだった。マッチャンとウッサンに事情を話すと、彼らも祝福してくれた。

ぼくはＭＩＳＩＡさんのバックダンサーとなった。

それから約2年、ぼくはＭＩＳＩＡさんのバックダンサーとして活動した。

全国の5大都市のツアーに参加し、ミュージックビデオに出演し、そのクライマックスともいうべき、武道館でのライブのステージにも立たせていただいた。

ダンサーとして武道館のステージに立つなんて、そうめったに経験できることではない。なにしろ、何千人もの観客の歓声と拍手を浴びて踊るのだ！

もちろんそれは、ＭＩＳＩＡさんというボーカリストがいるからこその話で、ぼくらダンサーはあくまでも楽曲を引き立てる役割だった。そのことに不満はなかった。大観衆の歓声を浴びながら、ぼくはダンサーとしての幸せを感じていた。

ただ、その歓声があまりにも感動的だったために、もっと近いところで、それを感じたいと思った。こんな素敵な音楽で踊りながら、自分はこんなにもたくさんの人と共感している。この経験を、もっとお客さんの近くで味わいたいと思ったのだ。

もちろん、近くというのは物理的な距離ではない。ひとりの表現者として、お客さんとの距離をもっと縮めたかった。

ＭＩＳＩＡさんのライブには、ダンスのショータイムがあって、そこでは自分で音を作らせてもらっていた。観客の視線が、ぼくらダンサーに集中していた時間がないわけではなかった。

そういうチャンスをいただきながらも、ぼくはさらにもっと近くに行きたいと感じていた。

もっと直接的に、お客さんとリンクしたいと思った。

ただ、その方法がわからなかった。

どうすれば、もう一歩前に進めるだろう。

マッチャンとウッサンから電話があったのは、そういうことを考え始めたときだった。

マッチャンの声は弾んでいた。

「Ｊ Ｓｏｕｌ Ｂｒｏｔｈｅｒｓのメンバーになる気はない？」

OUR HISTORY

MATSU

01

01. 僕には兄と姉がいて、末っ子として育った。生え変わりで前歯がないのに、無邪気に笑っている幼稚園児の頃。

02

03

02. 中学での遠足は、バスの移動で友だちとしゃべりまくって楽しかった。***03.*** 友だちとさらに仲良くなった修学旅行。

04

04. 成人式では白のスーツを着た。BABY NAILで活動していて、もうこの頃から口ひげを生やすようになっていた。

05

05. まだ売れる前のJ Soul Brothersの頃。ライブの合間だったこともあって、三人揃って若いし、テンションが高い！

06

06. BABY NAILとして、京都のダンスイベントに参加。お呼びがかかればよく遠征していた。

07

07. 本場ニューヨークのHipHop カルチャーに触れる旅へ。*08.* ドレッド、夏、海、最高！

08

09

09. J Soul Brothers のライブの合間に三人でプリクラ（笑）。連写なのに、ちゃんとみんな表情を変えてるところが面白い。

ÜSA

01

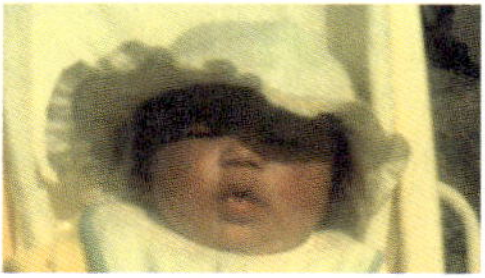

03

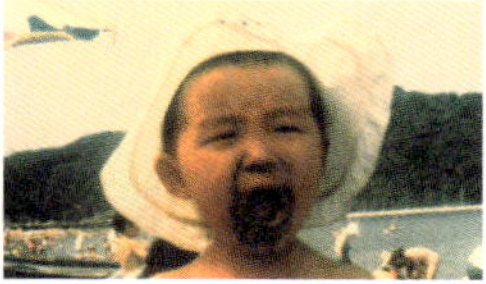

02

01. 約3600グラムで誕生。*02.* 4歳のときに家族で海へ。ボクは転んで砂まみれ。*03.* 蝶ネクタイで小学校の卒業式へ。

04

04. 高校の中庭で友人たちと。このときもう、「まさお」を結成して、ダンス三昧だった。

05. J Soul Brothers時代、髪型でよく遊んでいた。

05

06

06. 18歳でマッチャンやMAKIDAIと初のニューヨークへ！ ***07.*** J Soul Brothers初のMV撮影。

07

08

08. J Soul Brothersになって、初の事務所を構えたとき。チームの恩人ともいえる、松浦さんとリーダーのHIROさんと一緒に。

MAKIDAI

01

01. お姉ちゃんの運動会。走るのが大好きだった、活発な少年時代。

02

02. 1歳5ヶ月ぐらいの頃、母とかき氷を食べる。愛情をたっぷりともらった大好きな家族。

03

03. 野球少年だった小学生の頃は、毎日飽きもせず、ボールを追っかけていた。

04

04. 大学時代はコンテストに出場したり、ニューヨークに行ったり、とにかくダンスに夢中。

第2章　誕生

TRACK #4 〈座談会〉初代J Soul Brothers結成秘話

MATSU＝MAT　ÜSA＝ÜSA　MAKIDAI＝MKD

JSBをJ Soul Brothersと改め、活動を開始したのは1999年のことだ。

つまり、これが初代J Soul Brothers。メンバーは5人。HIRO、MATSU、ÜSA、MAKIDAIの4人のパフォーマーと、ボーカルのSASAという構成だった。

実をいうと、このデビューに漕《こ》ぎつけるまでの間にも、秘史というべきいくつかの紆余曲折があった。この紆余曲折の中に、後のEXILEへとつながる萌芽《ほうが》が隠されている。

いかにして、J Soul Brothersは誕生したのか。

その誕生秘話と、J Soul Brothersのその後の顛末《てんまつ》を、3人の話から解き明かしてみよう。

MAT あの話を、HIROさんから初めて聞いたときは、胸がときめいたなあ。

ÜSA 相談したいことがあるから、ってHIROさんから連絡があって、何ごとかと思って、みんなで話を聞きにいったんだよね。

MAT うん。J Soul Brothersというグループを HIROさんが作るっていう話だった。

MKD そういえば、HIROさんは最初からぼくらBABY NAILを誘ったわけじゃなかったんだよね。

ÜSA うん。最初は「J Soul Brothersでメジャーデビューするからダンサーを探しているんだけど、誰かいい人いないかな?」という相談だった。元々avexの松浦さんの構想は3人組で、ダンサーをひとりだけ探していたんだよね。それで、ボクらもいろんな候補を出した。

MAT でも、ほんとは僕らにHIROさんは声をかけようと思ってくれたんだよね、きっと?

ÜSA それは、あったと思う。その前にも、JSBとBABY NAILでリハーサルしていた頃から、HIROさんがよく話してくれてた。「ダンサーも、アーティストとして認められるようなことやりたいんだ」って。それに、globeさんの空撮のPVとか、35㎜の素晴らしい映像を観ながら「こんな感じでダンスのフィルムを撮りたいんだよね」って。ボクもワクワクして、「やばいっすねえ」とか言いながら、あのPV観てたのを憶えてる。

MKD それは、昔からずっと変わらないね。HIROさんはあの頃から、いつも将来のビジョンを持っていて、ぼくらに話してくれてた。

ÜSA 普通に考えたら、いくらなんでも大風呂敷なんじゃないのって思われちゃいそうな大きな夢というか、アイデアなんだけど、いつの間にか、それがこっちにも伝《でん》染《せん》しちゃうという。

MAT そうそう。それも「こういうことやったら、やばくね?」みたいな感じで、冗談っぽく話すことが多い。押しつけるんじゃなくて。HIROさんが、「やろうよ」って言って、むりやりやらせるのではなく。たぶん、僕らの反応を見てるんじゃないかな。僕らが、ほんとにやりたいかどうか。あのときも、そういう感じだった。

ÜSA HIROさんは、ボクらが日本語の歌で踊るのに抵抗あるんじゃないかって思ってたらしい。「そんなのダサいですよ」って、言い出すんじゃないかって。アンダーグラウンドのダンサーって、日本のメジャーな音楽に対してちょっと斜《しゃ》に構えてるところあったから。HIROさん自身が元々はアンダーグラウンドのダンサーだったから、そういう感覚をいちばんよくわかってたんだよね。

2018.04
新刊一
今日、出掛けるの、やめない?
幻冬舎文庫の春まつり
北村匠海

日本核武装（上・下）

高嶋哲夫

日本の核武装に向けた計画が発覚した。官邸から全容解明の指示を受けた防衛省の真名瀬は関係者を捜し、核爆弾が完成間近である事実を掴む……。この国の最大のタブーに踏み込むサスペンス巨編。

各600円

海は見えるか

真山 仁

大震災から一年以上経過しても復興は進まず、被災者は厳しい現実に直面していた。だが阪神・淡路大震災で妻子を失った教師がいる小学校では希望が……。生き抜く勇気を描く珠玉の連作短篇！

500円

居酒屋お夏 八

兄弟飯

岡本さとる

時代小説文庫

書き下ろし

。母の死に目にあえなかった三
痛快なお説教。三兄弟は母の仇

600円

道

能町みね子

「琺瑯看板フェティシズム」「あ
イトルからして珍妙な脱力系・
本書を読めば、あなたも鉄道旅

540円

男の粋な生き方

石原慎太郎

「男」を磨く28のメッセージ！

650円

織田信長 435年目の真実

明智憲三郎

織田信長の驚愕の真実が、遂に明かされる!!

540円

HEAVEN

萩原重化学工業連続殺人事件

浦賀和宏

連続猟奇殺人発生！脳を奪われた死体が意味するものは？

770円

熊金家のひとり娘

まさきとしか

お母さんだから、愛さなくちゃいけないの？母の愛こそミステリ。

690円

ぼくは愛を証明しようと思う。

藤沢数希

恋愛だって最少の努力で最大の効果を得るべきなんだ。

690円

MAT　僕はその話、聞いた瞬間に「やりたい！」って思った。抵抗なんてまったくなかった。ウッサンは？

ÜSA　うん、聞いた瞬間に「これだ！」と思った。自分たちがアーティストになるなんて、すごい話だよね。そんなこと、考えたこともなかった。なんか頭の上に覆《おお》いかぶさってた雲がサーッと晴れて、青空が見えたような気がしたもん。

MKD　ＨＩＲＯさんが気を遣ったのは、もうひとつ理由があったと思う。あの時点で探してたのは、ダンサーひとりだったたわけだから。

MAT　ああ、それは大きかった。Ｊ Ｓｏｕｌ Ｂｒｏｔｈｅｒｓは最初、ダンサーふたりとボーカルひとりのユニットにする予定だった。ＨＩＲＯさんと、あともうひとりダンサーが欲しいって話だった。

ÜSA　最初はひとりだけＪ Ｓｏｕｌ Ｂｒｏｔｈｅｒｓのメンバーになって、あとのふたりはサポートメンバーになるっていう話だったからね。それで、ボクはあのときＨＩＲＯさんに、「この中から選んでいただいて大丈夫です。誰が選ばれたとしても、本当にリスペクトしている仲間なんで、その後ろで踊ることになってもそっちの方がいいです」って言ったのを憶えてる。みんなも「それでいいです」って賛成して。結局、最初はマッチャンがＪ Ｓｏｕｌ Ｂｒｏｔｈｅｒｓの正式メンバーになったんだよね。

MAT でも、それは形だけだった気がするなあ。HIROさんと僕がダンサーで、SASAさんがボーカルだった時代って、ほんとに一瞬だった。J Soul Brothersが本格的な活動を始める前に、ウッサンとRYUZYも正式メンバーになって、ダンサーは4人ってことになったじゃん。

ÜSA そのときのことはよく憶えてる。きっかけは、ドリカム（DREAMS COME TRUE）さんの武道館コンサート。J Soul Brothersがドリカムさんのバックダンサーをやることになって、サポートのボクとRYUZYもJ Soul Brothersのメンバーとして、HIROさんと一緒にステージに立たせてもらったんだよね。コンサートを見ていたavexの松浦さんが、その後みんなで飲んだときに「やっぱ、ダンサー4人いた方がいいんじゃないか?」って言ってくれて。そしたら、横にいたHIROさんが待ってましたって感じで、「マジですか。じゃあ、いいですか、ÜSAとRYUZYとちゃんと契約しても」って。「昼間、もう1回話させてもらっていいですか」って、念を押してたのをよく憶えてる。飲んでる席での話って、翌日になると忘れちゃうことよくあるから。HIROさん、本気でボクらを正式メンバーに加えたいと思ってるんだなって……。ムチャクチャ嬉しかった。

MAT HIROさんは、最初からBABY NAIL全員をメンバーとして迎えたいって考えてくれていたんだと思う。僕らをバラバラにしちゃうんじゃないかって、本心ではすごく気にしていたし。

MKD その話、HIROさんから聞いたことある。なんとかして3人ともJ Soul Brothersのメンバーにするつもりだったって。

ÜSA HIROさんの基本って、優しさじゃない？

MAT だね。

ÜSA うん、うん。だから、人がついていくんだと思う。でも、あの時代は、ボーカルひとりにダンサーふたりという組み合わせが多かったから。最初はそれで行こうって話で進んでたけど、ドリカムさんのステージでダンサー4人っていうスタイルの良さがわかってもらえて、松浦さんも賛成してくれたところで、すかさずHIROさんがその話を具体化してくれたっていうことかな。

MAT だね。で、ダンサー4人、ボーカルひとりのJ Soul Brothersで、いよいよ本格的に活動しようってことになったのに、RYUZYがやめることになっちゃって……。

MKD それで、ぼくに声がかかったんだよね。

MAT　ダンサーがもうひとり必要だってことになって、HIROさんが「MAKIDAIに頼めないかな?」って僕らに聞いてきたんだ。BABY NAILの仲間だし、MAKIDAIは若いときからHIROさんのスクールに通ってたから、HIROさんもダンスの実力はよく知ってたし。ただ、そのときMAKIDAIはMISIAさんのバックダンサーだったからね。それで、僕とウッサンで電話したんだよね。喜んで引き受けてくれると思ってたんだけど、MAKIDAIは「すごく嬉しいんだけど、筋を通さなきゃいけないから」って、男気を発揮しちゃって(笑)。

MKD　いやいや、声かけてくれたのすごく嬉しかったし、また、みんなで踊れるんなら、すぐにでも参加したいって思ってたんだよ、あのとき。だけど、MISIAさんとの関係もあるし、それからあの頃はDJもやってたしね。J Soul Brothersのメンバーになったら、その2つをやめなきゃいけない。ほんとは二つ返事で引き受けたかったんだけど、周りとの関係とかいろいろ考えると、簡単にやるとは言えなかった。

MAT　それは、すごくわかるよ。僕がMAKIDAIの立場だったら、すごく悩んだと思う。

ÜSA　でも、HIROさんと話して、一緒にやるということになった。

MAT　そうそう。僕らがＨＩＲＯさんに、「ＭＡＫＩＤＡＩ、駄目でした」って報告したら「じゃあ俺が会う」って。

MKD　それで、ＨＩＲＯさんから連絡があった。「会って、話そうよ」って。それで、ふたりで渋谷の居酒屋で話をした。あの頃って、ダンサーがデビューするとかってなかったよね。プロになるっていっても、たとえばぼくがやってたようないわゆるバックダンサーになるとかくらいしか、少なくとも自分には考えつかなかった。だけど、ＨＩＲＯさんから、「俺たちダンサーが前に出るっていう形態のＪ　Ｓｏｕｌ　Ｂｒｏｔｈｅｒｓをやりたいんだ」って言われて、やっぱり胸が躍《おど》りましたね。マッチャンたちにも、そういう説明は聞いてたけど。

MAT　ＭＡＫＩＤＡＩは、若いときからＨＩＲＯさんが師匠だったわけだし、その人から言われたら、やっぱり心動かされるよね。

MKD　もちろん、それはあったんだけど……。「ＭＡＫＩＤＡＩがやりたいと思ってるＤＪだったり、ダンスっていうものも、Ｊ　Ｓｏｕｌになってからも、活《い》かせるようになると思うから」って、ぼくの将来のことも考えて、ＨＩＲＯさんは話してくれたんだよね。「今やってることがなくなるっていう考えじゃなくて、ここに入ることで、またそれが広がっていくんじゃない？」って。そこまで言ってもらったら、もう断る理由は何もなかった。「はい、やらせてください」って言ってた。HIROさんが、言葉だけじゃなくて、ほんとに考えてくれてるんだなというのが伝わったから。

MAT 確かに。今や、そのときのHIROさんの言葉通りになってるわけだもんなあ。

ÜSA MAKIDAIが参加して、いよいよJ Soul Brothersが本格始動するわけだ。

MAT あれが、本当の意味での始まりだったよね。

ÜSA このメンバーで、最初に踊ったのっていつか憶えてる？

MKD よく憶えてる。クラブチッタ川崎でイベントがあって、そこでJ Soul Brothersとして初めてステージに立った。準備期間があんまりなくて、リハーサルも大変だったけど、もの凄くみんなの気合いを感じたんだよね。マッチャンもウッサンも、バックダンサーじゃなくて、本気で前面に出ていくんだっていう気迫とか、踊りのスキルとかも含めてだけど、すごいなあと思って。ショーまでの短い期間に、踊りを覚えるだけじゃなくて、自分のノリもそこまで高めないといけないって思った。単に踊ってるんじゃなくて、ダンサーが楽曲と一体になるっていう感覚を、あのとき初めて味わった。自分たちも、表現者として、アーティストとしてステージで表現してるんだっていう自覚を持てたというか。HIROさんが言ってたのは、このことなんだなって素直に思った。あのステージが、ぼくらのスタートだよね。

MAT ほんとにそうだよね。僕らの苦難も、そこから始まるわけだけど（笑）。

ÜSA ははは、ほんとに貧乏だったもんなあ。給料、6万円だったしね。バイトとかもできなくなっちゃったから、けっこう大変だった。MAKIDAIなんてずいぶん収入が減ったんじゃない？

MKD 詳しくは憶えてないけど（笑）。

MAT でも、そんなこと問題じゃなかったよね。ぜんぜん売れなくて、苦労はしたけどさ、辛《つら》いと思ったことは一瞬たりともなかった。

MKD 自分らの、ほんとにやりたいことやれるようになったわけだからね。ゼロからのスタートは当たり前なわけでさ。あのとき、もうほんとにやるっきゃないっていう感じだった。

ÜSA まあ、売れてなかったのは事実だけど、そもそもボクらは「売れる」のがどういうことかってわからなかったもんなあ。今から思えばさ、「あのときはぜんぜん売れなかった」って、よくわかるけどさ。

MAT だね。デビューできたってだけで有頂天だったよ。一応、アーティストの仲間入りをしたわけだから。まあ、自分たちでアーティストだって言ってるだけではあってても（笑）。

ÜSA なんの根拠もなかったけど、絶対うまくいくって信じてた。

MKD 毎日、毎日、踊ったね。いろんなとこで。年間100回はステージに立った。

MAT 昼間のショッピングセンターとか。アンダーグラウンド時代には、考えられなかった（笑）。

ÜSA 子ども連れのお母さんの前で、ぽかーんとされながら、踊ってたよね（笑）。

MKD お客さんぜんぜんいなかったり。

ÜSA お金もぜんぜんなかったり。

MKD 牛皿をさ、ひとつ取って、みんなで分けて食べたこともあったかな（笑）。

MAT J Soul Brothersは、結局3曲しか出さなかったんだよね。

ÜSA SASAさんが、やめることになっちゃって……。

MKD やりたい音楽が違ったわけだから、あれは仕方ないよね。SASAさんがぼくたちに、合わせてくれてたわけでさ。

MAT うん。それで、結成2年にしてボーカルがいなくなって。ボーカルを探さなきゃいけなくなって……。

MKD 考えてみれば、最初の頃から試練があるよね。世間からは、すごく恵まれてるって思われてるかもしれないけど。

ÜSA いや、ほんと、ずっと逆境というか逆風の中を歩いてきた気がするなあ。

MAT　その逆風を、逆風と思わないとこが、自分で言うのもなんだけど、僕らのすごいとこじゃないの？

MKD　あはは、それはいえるね。むしろ、なんか危機が訪れるたびに、ひとまわりずつスケールアップしていくというか。

ÜSA　ずっと楽しかったもんねえ。やめたいなんて、思ったことは一度もない。

MKD　牛皿、3人でひとつしか食べられなくても？（笑）

MAT　当ったり前だよ。ダンスさえできれば、他はなんもいらないよ。

ÜSA　あれ、マッチャンまたカッコつけてない？（笑）

（2015年9月）

TRACK #5　伝説の0人ライブ　by MAKI-DAI

Ｊ Ｓｏｕｌ Ｂｒｏｔｈｅｒｓ時代の苦労話は山ほどある。

ＣＤは売れなかったし、知名度はアンダーグラウンド界を別にすれば、ほぼゼロだった。

世の中の人に少しでも知ってもらうために、とにかくライブをやらなきゃってことで、１日にライブ３回なんてこともよくあった。

ライブだけが、ぼくらの存在証明だった。ライブをやめた瞬間にＪ Ｓｏｕｌ Ｂｒｏｔｈｅｒｓなんてものは影も形もなくなってしまうわけだから。

ぼくらを呼んでくれる人がいれば、どんなところにでも出かけてステージに立った。

夜のクラブでしか踊ったことのなかったぼくらが、ショッピングセンターやデパート屋上のイベントで踊ったという話は、きっとどこかでお聞きになったかもしれない。

それは嘘偽《うそいつわ》りのないノンフィクションで、燦々《さんさん》と降り注ぐ太陽の光の下、汗をかきかき踊りながら、釜《かま》ゆでにして日干しにされるシラスの気持ちがわかる気がしたものだ。

とはいえ、嫌々踊ったことは一度たりともない。

客席を見渡せば、ぽかんと口を開けて見上げる子ども連れや、赤ちゃんを抱いたお母さんやお父さんが、ポツンポツンと座っているだけみたいなステージでも全力で踊った。誰も座っていないパイプ椅子が、やたらとたくさん並んでいて、心がチクチク痛みはしたけれど。

それでも、お客さんがそこにいて（疲れたから座って休んでいるだけだったとしても）、ぼくらの方を見てくれているだけでも、十分に幸せだった。

曲が終わって、まばらな拍手を送ってくれるだけでも、ずいぶんと助かった。

今でも語りぐさになっているけれど、なにしろぼくらはお客さんがゼロ、誰もいない客席に向かって踊ったことさえある。伝説の0人ライブだ。

場所は確か、六本木の『ヴェルファーレ』だったと思う。

ショーの場所としては申し分ない。一世を風靡《ふうび》した、伝説のクラブだ。

そのクラブでライブイベントがあって、まあとりあえずJ Soul Brothersはメジャーデビューも果たしたということで、ぼくらを立ててくれたのだろう。イベントの最後のステージを飾ることになっていた。

ところが何かの事情があって、イベントが押した。つまり、出演予定時刻が後ろにどんどんずれ込んでしまったのだ。

そして、あろうことか、ぼくらの順番が来る前に店の終了時間が来てしまった。

クラブは、営業終了時間には厳格だ。

ぼくらがまさにステージに立つというときに、夜中の12時の営業終了時間となり、フロアには『蛍の光』が流れ、お客さんたちは全員店から出されてしまったのだ。

というわけで、ステージにぼくらが立ってスタンバイしたとき、客席にはひとりも人がいなかった。後ろの方で、哀《あわ》れに思ったのかマネージャーさんが立って観ているだけだ。

そこで、今日はもうライブをやめようという選択肢ももちろんあった。だけど、ぼくらはそれを選ばなかった。ライブをやると決めたら、何があっても全力でやり抜く。それが、あの頃のぼくらの意地だった。

お客さんがひとりもいないクラブの客席に向かって、ぼくらは踊った。エンタテインメントを生業《なりわい》にするすべての人間にとって、悪夢のシチュエーションだ。だってエンターテインしようにも、相手が誰もいないわけだから。

これほど惨《みじ》めなことはないけれど、あの日のダンスはＪ　Ｓｏｕｌ　Ｂｒｏｔｈｅｒｓ時代を通じても最高と断言できるくらいキレていた。怒りをパワーに変えるとよく聞く。あの夜のダンスはそういうものだったのだと思う。

具体的な何かに対して、怒っていたわけではない。自分たちの境遇、誰もいない客席を見ながら全力で踊らなきゃいけないという、あのときのぼくらのポジション。不甲斐ない自分。そういうものすべてに対して、怒っていたのだと思う。

だけど、そういう怒りのエネルギーさえも表現に変えられるのが、ダンスの素晴らしさだ。

マネージャーさんしか観ていなかったのが残念だけど、あの晩のぼくらのステージは空前のできだった。

何に対してのリベンジかわからない。でも、この悔しさを絶対に忘れないと思いながら、ぼくらは踊っていた。あの悔しさがぼくらの原動力だった。

J Soul Brothersになって、最初にもらった給料は6万円だった。

CDを出したりして、少しずつ収益が得られるようになると、着実に給料は上がっていった。それでも大卒の初任給の半分にもなってはいなかったろう。

だから、そういう意味ではみんな豊かではなかったけれど、今思い出してみても、あんなに楽しかった時代はない。

それはぼくらが何よりも好きなことをやっていたからだ。それに加えてぼくらにはビジョンがあったからだと思う。ビジョンという言葉がわかりにくければ、夢と言い換えてもいいけれど、ニュアンスは微妙に違う。つまり、ただの夢ではない。

それは、最初はＨＩＲＯさんの頭の中にだけあったビジョンだ。

ダンス＆ボーカルユニットとして、日本のエンタテインメント界の頂点に立つという夢だ。

いや、それは今だからこそ、夢だのビジョンだのともっともらしいことが言えるけど、当時としては、普通に考えればむしろ大風呂敷とか大ボラというべきものだった。

ぼくらは（しつこいけれど）給料６万円で、なかなかＣＤも出せなかったし、ようやく出してもさっぱり売れなかった。つまり普通に考えれば、Ｊ Ｓｏｕｌ Ｂｒｏｔｈｅｒｓはいつ消滅してもおかしくなかったわけだから。

それでも、ぼくらは子どものように目を輝かせてＨＩＲＯさんの話を聞いていた。

「どうする、明日起きたら俺らの曲がオリコン１位になってたら？」

「ウッサンが武道館のステージに立つと、何千というファンの歓声が上がるんだよ。ちょっと想像してみてよ、ヤバくない？」

ＨＩＲＯさんの語る夢は、抽象的ではなく、いつも具体的で情景が目に浮かぶようで、なんだか妙に説得力があった。

自分たちが、いつかこうなるという姿が目に見えるような気がしたものだ。だから、それはビジョンという方がふさわしい。ぼんやりとした夢などではなく、はっきりと脳裏《のうり》に浮かぶぼくらの未来像だった。

鏡で毎朝自分の顔を見るように、ＨＩＲＯさんが未来像を語るのを、ぼくらは毎日のように聞いていた。そしてそのビジョンは、いつしかメンバー全員の心にしっかりと刻み込まれていた。

苦しい時期を笑いながら乗り越えられたのは、ぼくらがやっていたのが何より好きなダンスだったから、そしてＨＩＲＯさんのビジョンがあったからだと思う。

TRACK #6　リスペクト　byÜSA

ニューヨークの黒人たちは、リスペクトという言葉をよく使う。日本でもそのまま、「リスペクトする」って言葉を使うから、みんな意味は知っていると思う。念のためにいえば、尊敬するってことだ。

ボクはこの言葉が好きだ。

リスペクトするココロには、人を正しく導く力があるから。

どんなワルでも、ギャングでも、リスペクトする人がいるものだ。そして、そのリスペクトする相手に対しては、その人なりにではあるけれど、誠意を持って接する。少なくとも、その努力はする。それは人間の、善なるココロの働きだ。

ボクの今までの人生でも、誰か、あるいは何かをリスペクトする気持ちが、人生を豊かで幸せなものにしてくれた。困難に直面したとき、背中を支えてくれた。

マッチャンがJ Soul Brothersのメンバーに選ばれて、HIROさんの相方として踊ることになったとき、ボクは自分の将来について現実的に考えるようになった。

ボクとRYUZYはJ Soul Brothersのサポートメンバーということになったんだけど、あくまでもサポートだから、いつ呼ばれるか、当然自分では判断できない。

わかりやすくいえば、自分は何で食っていこうかなあ、と考えざるを得なくなった。

ダンスをやめるつもりはなかったけれど、ダンスで生計を立てるのが難しいのは、それまでの経験でよくわかっていた。ダンスを続けるためにも、そろそろ手に職をつけて、ある程度の収入を得られるようにならなきゃいけない。

それで、あるイタリア料理店で働くようになった。

面接を受けにいって、「3日後に電話する」と言われ、3日経っても電話が来ないから、自分から電話して「あれ、どうなりましたかね?」「あ、まだ今、悩んでるから、決まったら、電話するよ」って。で、またかかってこないから、もう何回も電話して。「もう、しつこいなあ。とりあえず、まあ、来いよ」みたいな感じで、ほとんど押しかけで、無理矢理働かせてもらうことになったのだ。

店は横浜の山下公園の近くにあった。

店員は全員サーファー。海を愛する男たちで、その店を大成功させようと頑張っている人たちだった。使う食材は、すべてオーガニックだ。

ボクを雇《やと》ってくれたその店長は、昔は暴走族だったんだけど、何かを見つけたくて、レストランの仕事をしてるっていう人だった。ボクはその人に、自分のことをすべて話した。

「ボクには今、ダンスしかなくて、これだけじゃまずいなって思ってるんで、何か学びたいんです」

そう言ったら、受け入れてくれた。

面接のときは、帽子をかぶっていたんだけど、そこで帽子を脱いで編み込みのドレッドヘアを見せた。本気のドレッドは、かなりインパクトがある。元暴走族で今はサーファーの店長は、一瞬おどろいた顔をしたけれど、苦笑いしながら言った。

「店では、バンダナつけとけよ」

このオーガニックのイタリア料理店に、ボクはすっかり馴染《なじ》んだ。

何よりも、店の人々が、大きな夢を持って、本気で仕事をしていたから。

彼らは料理なんてしたことのなかったボクに、真剣にイタリア料理を教えてくれた。おかげで料理の基礎（の基礎だけど）は身についた。

ボクは彼らとムチャクチャ、仲良くなった。

みんなサーフィンを愛していて、ボクはダンスを愛していた。波に乗る人、音に乗る人で、気持ちが通じたのかもしれない。店が終わった後も、まかない料理やその日の残り物をみんなで食いながら、乾杯して、そこで踊りを教えることもあった。濃密な日々だった。

ボクは自分が教えていた週に2回のダンススクールの日以外は、毎日その店で働いた。夢に向かって一所懸命な彼らと、一緒に働くのがとにかく楽しかった。

もしそのまま何ごともなかったら、イタリアンの料理人になっていたかもしれない。

彼らと一緒なら、そうしても悔いはないというくらい、いい仲間たちだった。

その彼らとの関係に亀裂《きれつ》が入った。

J Soul Brothersがドリカムさんの武道館コンサートでバックダンサーをすることになって、サポートのボクとRYUZYにも声がかかった。

1999年4月のことだ。

当時のJ Soul Brothersのダンサーは、HIROさんとマッチャンのふたり。ダンサーの人数がもうちょっと欲しいということになったのだろう。あるいは、ボクらふたりも武道館のステージに立てるように、HIROさんがボクらの存在を売り込んでくれたのかもしれない。

武道館のステージで踊るなんて、ダンサーには夢みたいな話だ。

ボクは有頂天だったけれど問題があった。

リハーサルもあったから、何日か店を休まなきゃいけなかった。しかも運の悪いことに、最初のリハーサルの日に携帯をなくして、店と連絡が取れなかった。

翌日、店で口論になった。

「お前、踊りだけじゃ嫌だから、他の何かを摑みたくて、ここに来たんじゃねえのかよ」

「いや、そうなんすけど。すっごい悩んだんすけど、本当に一生に一度あるかないかの夢のステージなんで。そのためにもリハーサル出る必要があって、店を休まなきゃいけないんです」

「どっちかにしろよ」

店をやめる気は、まったくなかったんだけれど、泣きながら喧嘩したあげくに「やめます」と言っていた。

仕事に一所懸命だったからこそ、みんなあんなに怒ったのだ。ボクを単なるアルバイトと思っていなかったから、「ダンスを取るか、店を取るか」と迫ったのだろう。

居心地のいい店をやめ、大好きな仲間たちと喧嘩別れしてまで、ボクは武道館のステージに立った。もう後戻りはしないと思った。バックダンサーとしての、たった1回のライブだったけど、ボクはそこに賭《か》けた。自分はもう一生ダンスで生きていくんだと、心に決めた。

ドリカムの吉田美和さんは、高校生の頃から憧れのシンガーだった。

その美和さんと同じステージに立てるというだけでも感無量だったけど、ライブ開始直前にみんなで円陣《えんじん》を組んだときに、美和さんが言った言葉に激しく感動した。

彼女はバックダンサーという言葉を使わなかった。

ステージに立つ全員が、観客を楽しませるためにここにいる。今日ここに来てくれたすべての人たちを、私たちみんなで最高に幸せにしよう！

そういう意味のことを彼女は言った。鳥肌が立つほど、カッコよかった。

そしてステージに立ったとき、美和さんの言葉の意味を悟った。

何千人という観客が、ステージを見つめていた。

そのひとつひとつの顔に、ものすごく幸せな表情が浮かんでいた。こんなダンスの見方もあるんだと思って、それがとても新鮮だった。

美和さんたちは、いつもこの顔を見ながら歌っていたんだと思った。

もしこのお客さんたちが、自分たちを見にきてくれているのだったら、どんなに幸せだろう、どんなに最高だろうと思った。

自分もアーティストになりたいと、心の底から思った。腹が決まった。


今思えば、ダンスさえできれば幸せだったはずのボクが、はっきりとエンターテイナーを自分の職業にしたいと思った瞬間が、あの武道館のステージだったのだと思う。

いや、今だって、ダンスさえできれば幸せなんだけど、そこにもうひとつの目標が加わった。

美和さんのエンターテイナーとしてのプロ意識の高さを目《ま》の当《あ》たりにして、自分も頑張らなきゃいけないと切実に思った。そして、イタリア料理店の仲間と大喧嘩したことで、自分が本当にやりたいことはなんなのかを知った。

ボクはダンサーとして生きていこうと思った。

マッチャンがJ Soul Brothersのメンバーになって、嬉しかったのは本当だけど、葛藤《かっとう》があったのも事実だ。大切な仲間だけど、もちろんどこかにライバル心はある。

イタリア料理店で働こうと思ったのは、心のどこかで自信を失っていたからかもしれない。

けれど、そんな弱気なボクの背中を、美和さんと、それからあのイタリア料理店の仲間たちが「しっかりしなよ」と、どついてくれたんだと思う。

その叱咤《しった》がボクのココロに染みたのは、ボクが彼らをリスペクトしていたからに他ならない。

喧嘩別れはしたけれど、その後、ＥＸＩＬＥが初めて武道館でライブをしたとき、ボクはイタリア料理店の仲間たちを招待した。彼らが、ムチャクチャ喜んでくれたのはいうまでもない。

残念なことに、その後、あのレストランは閉店してしまった。

けれど、ボクはもう一度、彼らと再会した。

ダンスで世界をつなげるプロジェクト『ＤＡＮＣＥ ＥＡＲＴＨ』で、スペインのイビサ島に踊りにいったときだ。

その旅で立ち寄ったバルセロナに彼らはいた。

その異国の地で、彼らは日本料理店を３店舗もオープンして夢中で働いていたのだ！

悪いことは重なるという。

ＥＸＩＬＥの第1章の終わりは、まさにそんな感じだった。

ちなみにＥＸＩＬＥの第1章は、２００1年にＪ Ｓｏｕｌ Ｂｒｏｔｈｅｒｓから ＥＸＩＬＥに改名、デビューしてから、ボーカルのＳＨＵＮちゃんがやめるまでの足かけ6年間を意味する。その後、パフォーマーのＡＫＩＲＡとボーカルのＴＡＫＡＨＩＲＯが参加して、ＥＸＩＬＥの第2章が始まる。

ＳＨＵＮちゃんが僕らと別れることになったのは、仕方がなかったと思う。彼が歌いたかったのはロックだったのだから。ＥＸＩＬＥのボーカリストとして、ひとつの時代を築き、そして自分の道を行くために歩き出した。その道が僕らの道と交《まじ》わらなかったというだけのことだと、僕は思っている。

ただ、現実の問題として、ＳＨＵＮちゃんの脱退はＥＸＩＬＥにとって大きな痛手《いたで》だった。

ツインボーカルがＥＸＩＬＥの重要な個性だったことは、今さら説明するまでもない。

ＡＴＳＵＳＨＩとＳＨＵＮちゃん。

ふたりの歌声が重なったり、混じったり、あるときにはバトルを繰り広げ、またあるときにはハーモニーを奏《かな》でる。そのスリリングなやりとりと、そして絶妙な調和が、ＥＸＩＬＥの歌をこの世で唯一のものにしていた。それが、あの時代のＥＸＩＬＥの個性だった。

そのひとりが消えてしまったのだ。

しかも、「危機」はそれだけではなかった。

僕たちに残された唯一の希望ともいうべき、ＡＴＳＵＳＨＩの喉に異変が起きていた。

無理をし過ぎたのだと思う。ＥＸＩＬＥをひとりで背負うつもりで、ＡＴＳＵＳＨＩは歌い続けていた。それでなくても、真面目で責任感の強いＡＴＳＵＳＨＩにのしかかっていた重圧がどれほどのものだったのかは、想像することさえできない。

それでなくても、歌い手の喉には尋常でない負担がかかるのに、ＡＴＳＵＳＨＩは無理を承知で歌い続け、声帯のポリープを悪化させていた。なんとかメスを入れずに、喉を治そうと、ひとりで必死に努力をしていたらしい。けれど、最終的にはどうしても手術をしなければいけなくなった。

歌手の命ともいうべき、声帯にメスを入れるのだ。その結果、ＡＴＳＵＳＨＩの声が元通りの、あの美しさを取り戻せるかどうかは医者にもわからなかった。

ＥＸＩＬＥは、崖《がけ》っぷちに追い詰められていた。

「ＥＸＩＬＥはもう終わりだ」という声が、いろんなところから聞こえてきた。

だけど、ＥＸＩＬＥのメンバーは誰ひとりとして「終わった」なんて思っていなかったはずだ。ゼロからスタートしたんだから、また最初に戻ったつもりで頑張ればいい。どんなことにもポジティブなＥＸＩＬＥは、心をひとつにしてあの崖っぷちを乗り越えようとしていた。

僕だって、もちろんそのつもりではいた。

ただ、覚悟が決まっていなかった。

自分の病気のことがどうしても頭から離れなかった――。

喩《たと》え話をすれば、みんなで一艘《いっそう》のボートを漕いで激流を下っていたら、前方にでかい滝が見えてきたというのが、あのときの状況だった。全員が必死で漕がなければ、ボートは滝壺《たきつぼ》へと真っ逆さまに落ちてしまうだろう。

そういう最中に、僕は自分の病気に気を取られていた。

ちょうどその頃、ＡＴＳＵＳＨＩからメールをもらった。ＡＴＳＵＳＨＩ

らしい、相手の気持ちを気遣った、礼儀正しい遠回しなメールだったけれど、メッセージははっきり伝わった。

要約すれば、そのメールはこう言っていた。

「もしも本気になれないなら、やめてください」

心根の優しいATSUSHIが（実際、EXILEの中でいちばん涙もろいのは彼だ。カラオケで歌いながら、感動して泣いちゃう人なのだ）、そういうメールを書くのだからよほどのことだ。

自分自身も、歌手生命を絶たれるかもしれないという不安を抱《かか》えながら、それでもATSUSHIはなんとか前に進もうとしていた。EXILEを生きのびさせようとしていた。

そういうATSUSHIにしてみれば、あのときの僕の態度が納得できなかったのはよくわかる。

それでも僕は、ともすれば煮え切らない、ひねくれ者とも思われるような態度を続けていた。

そうする以外に、どうしようもなかった。

EXILEは危機に陥《おちい》っていたけれど、僕自身も大きな悩みを抱えていた。

ATSUSHIの涙まじりの叱咤も、ストレートに受けとめられないくらい、僕はみんなから遠い場所にいた。


ここから先は、言いわけと思ってもらってもいい。

僕のカラダに異変が生じたのは、後から思い返せば、小学生の頃だった。

最初は、虫歯だった。幼い頃から、虫歯がたくさんあった。でも、あの時代、子どもの虫歯なんてちっとも珍しくなかったから、それが兆候《ちょうこう》とは誰も気づかなかった。ただの、虫歯だらけの子どもだった。

小学生になって、口内炎がやたらとできるようになった。

だけど、それは虫歯のせいだと思ってしまった。虫歯の菌が、口の中で悪さでもしているんだろうと。

口内炎は、外からは見えない。モノを食べると染みて、かなり痛いんだけど、その痛みは自分にしかわからない。ときどきは、母親に痛みを訴えたりもしたけれど、せいぜい市販の薬を塗ってみるくらいで、それ以上できることはない。自分で耐えるしかなかった。

普通の口内炎なら、そのうち治るものらしいけど、僕のはいつまでも治らなかった。ひとつ治ると、また別の口内炎ができるという具合で、常にどこかに口内炎がある状態だったから、慣れっこになってしまったというか、痛みが消えるわけじゃないんだけど、その痛みとなんとか折り合いをつけて生きていた。辛くても、誰にも言わずに自分ひとりで耐えるクセは、あの頃でき上がったのかもしれない。

本当の自分をさらけ出しても、同情されることはあったとしても、理解されることはないと知っているから。痛みというものは、誰に話したところで、本当にはわかってもらえないから……。

まあ、そういう感じの少年時代を過ごして、病名が判明したのはJ　Soul　Brothersのメンバーになってからのことだ。僕は24歳になっていた。

レコーディングでスタジオにいたときに、症状が悪化した。脚にぶわーっと痣《あざ》のような斑点《はんてん》ができて、高い熱が出た。

そういうことは、それ以前にもあったけれど、若かったし体力もあったから、多少の熱があっても無理をして平気なふりをしていた。

ところが、そのときは歩ける状態じゃなくなって、夜中だったから救急病院に行った。迂闊《うかつ》な話だけれど、きちんと病院で診《み》てもらったのはあれが最初だったと思う。担当医に、詳しい検査が必要だと言われ、翌日だったかに再検査した。

専門家の医師には、典型的な症例だったみたいだ。

一通り検査をしたところで、いきなり言われた。

「昔から、歯が悪かった?」

「ムチャクチャ悪かったです」

「口内炎は、前からあった?」

「はい。ずっとありました」

「実家は農家?」

「はい、もともと農家で、父は造園の仕事もしていました」

他にもいくつか問診があったが、とにかく医者はまるで占い師みたいにことごとく言い当てて、最後に僕にこう言った。

「不完全ベーチェット病ですね」

そのときの僕には、ベーチェット病なんてなんのことやらわからなかったけれど、もちろん今はよく知っている。

ベーチェット病は難病指定されているやっかいな病気で、原因はよくわかっていない。中国から中近東、地中海沿岸地方へと続くシルクロード沿いの地域に患者が多いので、シルクロード病なんていう別名もあるらしい。ベーチェット病という病名も、この病気を発見したトルコのイスタンブール大学皮膚科のベーチェット教授に由来している。

日本にもけっこう患者がいて、歯が悪くて、口内炎ができやすいという症状があって、農家の人に多いらしいのだけれど、それがなぜかはまだはっきりとはわからない。農薬が原因だとする説もあるという話だったけど。

僕の症状は、その典型例みたいなものだった。ただ、まだ完全にベーチェット病になっているわけではないので、不完全ベーチェット病という診断が下された。

僕はその診断に背を向けてしまった。それまでの経験では、1週間くらい寝ていれば自然に治ったたし、症状さえ出ていなければ、普通に元気だったから。

目の前に現実が突きつけられているというのに、それを見なかったことにすれば、病気もなかったことにできるんじゃないかと、心のどこかで信じていた。本格的なベーチェット病じゃなくて、不完全ベーチェット病なんだから、きっとそのうち……。

わかりやすくいえば、自分から逃げていた。

そして、それまでと同じ生活を続けた。

毎晩のようにクラブに顔を出した。あの頃の僕には、クラブ通いは仕事みたいなものだったから。これは、比喩《ひゆ》ではない。学校を何日か休んで、久しぶりに登校すると、なんだか気恥ずかしいものだ。クラブは僕にとって、そういうものだった。毎晩行っていないと、取り残された気分になった。

実際問題、ダンサーにとって、それは重要なことだった。クラブでかかる音楽とか、交わされる会話の中から、今のグルーブ感とでもいえばいいか、ダンスシーンの空気をかぎとっていたわけだから。

とはいえ、難病に侵《おか》されているかもしれない人間が、そういう生活を続けるべきかどうかはまた別問題だ。毎晩夜更かしして、酒を飲み、煙草《たばこ》を吸っていた。

さすがに熱が出ると、家で寝ていたけど、仕事となればそうはいかない。J Soul Brothersのショーやライブがあるときは、どんなに体調が悪くても、痛くても、高熱が出ても、休んだことはない。いや、1回だけ、あまりにも体調が悪くて、ライブを休んだことがあったけれど、本当にその1回だけだった。当時は若くて体力があったから、そんな状態で踊っていても、誰にも気づかれなかった。

医者は顔をしかめるに違いない。良心的な医者なら「命を粗末にするな」と怒るだろう。

ダンサーなのだから仕方ないと、僕は虚勢《きょせい》を張って、遊びも続け、カラダを酷使《こくし》し続けた。

もちろん責任感のためでもあったけれど、本音を言えば、自分自身が病気を認めるのが怖かったのかもしれない。熱が出ようが、痛みがあろうが、無理すれば踊ることはできたから。踊れるなら、たいしたことはないと自分を安心させたかったのだろう。

しばらくして、そのつけが回ってきた。

ある日、脚が激痛に襲われた。慌てて近所の病院に駆け込んだら、ベーチェット病の症状だった。大きな病院でまた検査を受けて、今度こそ完全なベーチェット病、完全型ベーチェット症候群だと宣告《せんこく》された。

ベーチェット病は、簡単にいえば、自分のカラダに備わった免疫《めんえき》システムが、自分自身を攻撃する病気なのだそうだ。免疫が強いほど、症状はひどくなる。年齢でいうと、30歳くらいがいちばん免疫力が高まるそうで、つまり僕の症状は、その30歳に向けて悪化する一方だった。

免疫システムがカラダのどこを攻撃するかで、さまざまな症状が出る。腸《ちょう》管《かん》ベーチェットとか血管ベーチェットとか、いろいろあるんだけれど、僕はそれからの数年間で、そのほとんどすべての症状を経験した。どの症状も、ひどいもんだった。どうにもならないひどい激痛と、40度くらいの高い熱が出て、それが1週間は続く。

悪いことに……という言い方は変だけど、ＥＸＩＬＥが世の中に受け入れられて、仕事が半端なく忙しくなった時期と、ベーチェット病の悪化が完全に重なってしまった。そして、そうなっても僕は自分の病気と向き合えなかった。

さっきも書いたように、どんなに体調が悪くても、ライブやレコーディングを休まなかった。

激痛は座薬とステロイド剤で強引に抑え込んで、なんでもないという顔で踊っていた。

ベーチェット病にかかっていることは、もちろんみんなに伝えてはいたけれど、そこまで深刻な話はしていなかった。薬で抑えられるから、大丈夫だと伝えていた。

実際に、かろうじてだけど、踊れるくらいには痛みを抑え込んでいたわけだし。それに、たとえこの辛さを告白したところで、誰にもどうすることもできないわけだから。心配されたくなかったし、気遣ってもらうのも申しわけなかった。

けれど、そういうツッパリもとうとう利かなくなったのが、30歳のときだった。

その頃の写真を見ると、まるで自分の顔じゃないみたいだ。それは強力なステロイド剤の副作用で、ムーンフェイスなんて呼ばれている。満月みたいに顔が腫れてしまうのだ。

顔だけでなく、腸も腫れていた。腸管ベーチェットの症状で、いわゆる腸炎の状態が続いて、腸閉塞《ちょうへいそく》を起こしかけていた。それをまた強い薬で抑え込まなきゃいけなくなって、そのうち薬自体があまり効かなくなった。

そしてある朝、目が覚めると、左目が見えなくなっていた。ベーチェット病が、僕の視《し》神経《しんけい》も侵し始めていた。

完全に見えなくなったわけではなくて、視野の中心部分が駄目になっていた。ぼんやりと見ている分には見えるのだけれど、たとえば文字を見ようとして焦点を合わせると見えない。その部分の神経が侵されていて、「もうこれは治らないです」と医者に言われた。

さすがにこれはショックだった。今は左目だけだけど、これで右目の視神経が侵されれば失明状態になる。あの朝、起きたら、左目が見えなくなっていて、こすってもこすっても見えなかった恐怖が、トラウマになって、眠ることができなくなった。

それでようやく煙草をやめた。

今頃になって、そんなことをしても、それで病気が良くなるわけでもないのに。

SHUNちゃんの脱退話が持ち上がり、ATSUSHIの喉の具合が良くないことがわかったのは、ちょうどその頃だったのだ。

だから、自分のすべてといってもいいEXILEの最大の危機だというのに、僕の心には余裕がなかった。

どうやって、あの危機を乗り越えられたのかと、今でも不思議に思う。

ただ、ひとつだけいえることがある。

結局のところ、僕にはEXILEとダンスしかなかったということだ。

ベーチェット病を完治させる方法は、厳密にいえば、今もまだ見つかってはいない。自分のカラダを執拗《しつよう》に攻撃する、不可思議な自分自身の免疫システムと折り合いをつけて、日常生活に支障をきたさないように、体調を維持していく。専門的には、これを寛解《かんかい》というそうだけれど、カラダのあちこちに起きる不具合を、お医者さんと薬の力を借りて抑えながら、あとは無理をせずに、体力を温存し、健康的な生活を心がけるのが最善の方法だ。

　気持ちを入れ替えさえすれば、健康的な生活はなんとかできる。左目の視神経をやられて、さすがの僕も病気と向き合わざるを得なくなっていたから、それはまあ大丈夫だった。

　ただひとつ大きな問題があって、僕の場合、無理をせずに体力を温存することと、ＥＸＩＬＥのメンバーでいることを両立するのが難しかった。難しいというより、ほぼ不可能だった。

　あの状態で、ＥＸＩＬＥを続けるのは、文字通り命がけだった。続けるからには、みんなに迷惑はかけられない。絶対に穴はあけられない。たとえツアー中に症状が出ても、熱が40度出ても、目が見えなくなったとしても、ステージに立たなきゃいけないと思った。

　いや、ＨＩＲＯさんやみんなにわけを話せば、休ませてくれるとは思う。

だけど、自分で続けると決めたからには、それだけは絶対に言わないつもりだった。死んでもやるという覚悟ができなきゃ、このまま続けていくわけにはいかないと思った。

正直に告白すれば、その覚悟が簡単にはできなかった。このままダンスを続けたら、右目の視力も失ってしまうんじゃないかという恐怖に怯え続けた。カラダのことを考えるなら、踊ることをやめて、常に安静にしている状態の人生を送るべきなのだろう。でも、その道を選ぶこともできなかった。やめるべきか、続けるべきか。わからなくなって、ＨＩＲＯさんにすべてを打ちあけた。

どちらの道を選ぶべきか、ＨＩＲＯさんなら教えてくれるんじゃないかと思った。ＨＩＲＯさんに決断を委ねたのだ。

だけど、ＨＩＲＯさんは黙って僕の話を聞いた後、静かにこう言った。

「それはマッチャンの人生だから、マッチャンが決めた方がいい」

それから1ヶ月間、僕は考え続けた。

そして1ヶ月後、HIROさんに頭を下げた。

「本気でやるんで、やらせてください」

1ヶ月間悩み抜いて、自分にはダンスしかないことに気づいた。EXILEのひとりとして踊る以外の人生は考えられなかった。

ダンスをやめて、ずっと安静にして、健康を回復したとして、自分はいったい何をやればいいのだろう。それが、何も思い浮かばなかった。

僕の決心を、HIROさんは受け入れてくれた。

そして僕は、EXILEを続ける道を選んだ。

あのときHIROさんは「大丈夫だよマッチャン、やめるなんて言わないで。みんなでサポートするから一緒に続けよう」とも言わなかったし、「自分のカラダを第一に考えて、EXILEをやめた方がいい」とも言わなかった。

よく考えてみれば、それはすごいことだ。

なにしろそれは、ＥＸＩＬＥの存亡の危機の最中だった。ＥＸＩＬＥという船の底にはＳＨＵＮちゃんの抜けた大きな穴があいていて、ＡＴＳＵＳＨＩの喉の状態がどうなるかわからなかった時期なのだ。

その上、いつ倒れてもおかしくない、僕という不安定な要素がさらにもうひとつあった。

リーダーとして、グループ全体のことを考えるなら、たとえば僕をやめさせて、新しいメンバーを入れると決めてしまった方が良かったかもしれない。あるいは、なんとか僕をなだめすかして続けさせる方策を考えるという手もあったかもしれない。

どちらの選択が適切だと思っていたかはわからないけれど、ＨＩＲＯさんはそれを僕に押しつけはしなかった。

それは僕の問題だからと言って、僕の決断にまかせてくれたのだ。

それは、EXILEはみんなのものだといういつものHIROさんの言葉が、口先だけのものではないことを意味している。

HIROさんが僕にどうした方がいいと言わなかったのは、僕の人生を先に考えてくれたからだと思う。SHUNちゃんが自分は別の道を行くと言ったときも、黙ってそれを認めたように。

もちろん、僕がどちらを選んだとしても、EXILEがしっかり存続できるように、手を打っていたに違いない。それはリーダーの責任だから。

そういうことも含めて、HIROさんは本物のリーダーだと思う。

そして、そういうリーダーに「続けさせてください」と頭を下げて頼んだ以上、僕はこの先何が起ころうと、絶対にやり抜かなきゃいけなかった。

ベーチェット病の症状は相変わらず、僕のカラダの中で猛威《もうい》をふるっていた。脚だけじゃなくて体中に、痣のような斑点ができて、脚のつけ根が腫れ、腸炎が続いた。

それでもどういうわけか、あのとき死んでもやり抜くと覚悟を決めてしまった後は、悩んだり怯えたりすることなく、ダンスに集中することができた。もちろん痛み止めの座薬やステロイド剤は使っていたけれど、踊り始めてしまえばなんとかなった。

症状が出ているときは、体力を消耗すると症状がよけいに悪化するから、たとえばツアーのためのトレーニングは休むしかなかった。ツアーではカラダを酷使する。だから、ツアー前はみんな筋力トレーニングをしてカラダを鍛える。そのトレーニングができないのは、大きなハンデだけれど仕方がなかった。

ただ、僕は振りつけを覚えるのだけは早いので、リハーサルに参加して振りつけを完全にマスターしたら、トレーニングを休んで体力を温存していた。そうやってなんとかみんなに迷惑をかけずに、ステージに立ち続けた。

ＳＨＵＮちゃんが抜けた穴は、ＨＩＲＯさんの大逆転ともいうべき、例のオーディションで見事に塞いでしまった。その当時はいろいろ批判もされたし、特にＳＨＵＮちゃんのファンだった方たちには申しわけないことをしたけれど、結果としてはあの危機を乗り越えて、第２章のＥＸＩＬＥはひとまわりもふたまわりもスケールアップした。

ＡＫＩＲＡとＴＡＫＡＨＩＲＯという新しい仲間を迎えて、たくさんの新しいファンが増えた。

もうひとつ大きかったのは、あのナインティナインの岡村隆史さんとの番組コラボ、オカザイルだ。おかげでお茶の間でテレビを観ている人たちの間にも、ＥＸＩＬＥは一気に浸透していった。強面のＥＸＩＬＥという先入観を、岡村さんとのコミカルなコラボが笑いとともに吹き飛ばしてくれたのだと思う。

僕たちのスケジュールはますますハードになり、第１章の頃に始めたメンバーそれぞれの個人プロジェクトは、残念ながらいったん休止するしかない事態に追い込まれた。

それでも、僕らは充実していた。僕が言うのはおこがましいけれど、リーダーとしてのＨＩＲＯさんの存在感がパワーアップして、喉の手術を無事に乗り越えたＡＴＳＵＳＨＩの歌声はますます人を惹《ひ》きつける魅力を増した。そして、メンバー全員の一体感が半端なく高まった。ＥＸＩＬＥとしての新しいチャレンジのアイデアが次々に生まれ、それらがことごとく成功していった。

病気のことで気持ちが弱くなっていた自分が、ほんとに恥ずかしくなるくらい、何もかもが好転していった。「ピンチは最大のチャンスだ」と、ＨＩＲＯさんはよく言っていたけれど、まさしくその通りのことが起きたのだ。

そして、本当に不思議なことに、僕のベーチェット病の症状は変わらずに出つつも、少しずつ確実に弱まっていった。１ヶ月に２回は、腸炎や高熱のひどい症状が出ていたのが、1ヶ月に1回になり、やがて1ヶ月半に1回になるという具合に。2010年のライブツアー『FANTASY』のときには初めて一度も体調を崩さずに、ツアーを終えることができた。

これはまったく医学的な根拠のない、ただの僕の主観なのだけれど、自分が何よりも好きなダンスが、結局は僕のカラダを癒《い》やしてくれたんじゃないかと思う。

乱暴な話だけど、死んでもやり抜くと決めたとき、僕の中で何かが変わった。自分の痛みや苦しみなんて、どうせ誰にもわからないんだという、屈折した優越感が消えて、自分が踊っていられることが、こんなにも幸せなことだと知った。そして、心が幸せでいっぱいなときは、なぜかわからないけれど、症状も現れにくくなるものなのだ。

もちろん、それはあくまでも僕がそう感じるということなのだけれど。

すべてはただの偶然で、僕はただ幸運だったということだけのことかもしれない。

今現在の僕の状態を言うと、ここ数年間は症状がまったく出ていない。それは、もうひとつの幸運があって、新しく開発された治療薬が、僕には劇的な効果をもたらしたのだ。

2週間に一度、自分で注射しなければいけない薬で、しかも一度この治療を始めたら、たとえ効果が出なくても、注射はずっと続けなければいけない。さらに、副作用として免疫力が下がるので、風邪をひきやすくなったり、体調を崩すことがあるという話だった。

けれど、僕の場合は、そういう副作用もほとんど出ていない。

個人差があるから、誰にでも僕と同じように効くわけではないし、副作用がほとんど出ていないといっても、この先のことはわからない。症状がまったく出なくなった今も、その注射を続けているわけだから。

今は本当にカラダが楽になったし、煙草はやめたままだけどお酒も飲めるようになった。だからといって、ベーチェット病で今も苦しんでいる方たちに、僕と同じことをすれば症状は良くなりますよなどと言うつもりはない。ベーチェット病が、今も難病であることに変わりはないのだ。ただ、希望は必ずあるということだけはお伝えしたいと思う。

明けない夜はないというけれど、僕はあの絶望のまっただ中にいたとき、この言葉を信じることはできなかった。

けれど、今はそれを信じている。

永遠に続くとばかり思っていた夜に、僕を支えてくれたのはダンスであり仲間たちだった。

彼らと一緒に踊る喜びが、臆病な僕を一歩ずつ前に進めてくれた。

僕は本当に幸運だったけれど、その幸運までなんとか辿《たど》りつけたのは、彼らがそこにいてくれたからだ。それに、心から感謝している。

少し前のことだけれど、ATSUSHIから謝罪の手紙をもらった。僕がどれだけ辛い思いをしていたかも理解せずに、〝本気になれないなら、やめてほしい〟みたいなひどいことを言ってしまったことを許してほしいという内容だった。

もう10年も昔のことを、ずっと気にしてくれていたことが嬉しかった。僕にとっては、10年前のメールも今の手紙もどちらも宝物だ。それはATSUSHIが、真剣に僕に向き合ってくれた証《あかし》だから。

EXILEは仲間意識が強いとか、強い絆《きずな》で結ばれているとかいわれることがあるけれど、必ずしもそうではないと僕は思う。意見が対立することもあれば、言い争うことだってあった。当たり前のことだけど、僕らだって、ごく普通の人間なのだ。

絆を強くしようとか、仲間意識を高めようなんて思ったこともない。それぞれに違う人間が、ひとつの目標を目指して、同じ危機に立ち向かい、苦労を重ねながらなんとか乗り越えてきたというだけの話だ。
その困難な道のりが、長い夜が、僕らを固く結びつけたのだ。

第3章　放浪

TRACK #8/1　夢とイマシメ　by MAKIDAI

ＨＩＲＯさんのビジョンがいつの間にか、ぼくら全員の心にもしっかり根づいたのは、ＨＩＲＯさんが話してくれることが、いつも楽しいことばかりではなかったからかもしれない。

ＨＩＲＯさんの描くビジョンには、イマシメ（戒め）もかなりの割合で交ざっていた。

成功のビジョンを語るだけでなく、成功したときに、自分たちはどう行動すべきかという話をよくしてくれた。

「成功しても謙虚でいような」

ＨＩＲＯさんは、よくそう言っていた。

「俺たちが売れても謙虚でいれば、謙虚なことがカッコいいってことになって、世の中に謙虚な人が増えると思うんだ。それって、すごい社会貢献じゃね？」

成功なんてものが、はるか遠くの地平線のあたりに見えるか見えないかの、ぼんやりとした影みたいなものだった頃から、それがＨＩＲＯさんの口癖だった。

そういう時期だったからに違いないけれど、ぼくらはその話を素直にうなずきながら聞いていた。

成功という甘い夢が枕詞《まくらことば》についていたからだと思う。

高級レストランで飯を食うときは、ネクタイとジャケットを着用しなきゃいけないよと、教わるようなものだ。外国旅行をするときはパスポートを必ず持っていなきゃいけないというルールは、考えてみれば面倒で窮屈《きゅうくつ》だけど、初めて自分のパスポートを手にしたときは嬉しかった。それと、似た話でもある。

ＨＩＲＯさんは、きっとそういうことまで考えて、ぼくらにとっては成功なんてほとんど夢物語だった頃から、何度もその話をしてくれたのだと思う。成功してからそんなことを言われても、きっとただの小言にしか聞こえなかっただろう。鉄は熱いうちに打て、だ。

だけど、ＨＩＲＯさんのイマシメがぼくらの心に真っ直ぐに届いた理由はそれだけじゃない。

説得力がやたらとあるのは、それがすべてＨＩＲＯさん自身の経験から、悔しい思いから発した言葉だったからだ。

ＺＯＯのブレイクで成功を手にしたＨＩＲＯさんが、ＺＯＯの解散でそのすべてを失って、まったくのゼロになり、そのどん底で再起を誓ったところから、ぼくらの物語は始まる。

運命の分かれ道があるとすれば、まさにそのときだったとぼくは思う。

再起を誓ったＨＩＲＯさんは、激しい後悔に苛《さいな》まれた。自分が成功の只中《ただなか》にいたとき、なんでもできたはずのときに、やっておくべきだった100も200ものことを思った。

ちょっと極端な喩えだけど、死に直面した人間が、こんなことならもっとあんなこともしたかったとか、こんなことをすればよかったと後悔するのに、それはよく似ていたに違いない。

HIROさんの、ぼくたちへのイマシメは、つまりそのときのHIROさんの心の底からの反省だ。

成功は人を傲慢《ごうまん》にする。優越感の罠《わな》に落とす。自分がうまくいったのは、自分が優れていたからだと思い込ませる。でも、そんなのはただの勘違いでしかない。

残酷な話だけど、現実の世の中は、コツコツ真面目に頑張りさえすれば、誰もが成功するというふうにはできていない。もちろん頑張らなきゃ駄目だけれど、頑張ったからといってうまくいくとは限らない。成功には、タイミングとか幸運とか、その他いくつもの偶然の要素が絡んでいる。

それに何よりも、この社会の中での成功は、どんな成功であれ、自分たちだけで達成できるものではない。たくさんの人の助けや、支えがなかったら、成功なんてあり得ない話なのだ。

そんなことは、世の中のほとんどの人が知っている。

知っているはずなんだけど、成功した瞬間に忘れてしまう。

成功して、有頂天になって、自分では謙虚なつもりでいても、周りから見たら、いつの間にか鼻持ちならないやつになってしまう。それが普通の人間だ。

ぼくらにしても、極めて普通な人間なわけで、もしＨＩＲＯさんがいなかったら、ＨＩＲＯさんの後悔や反省がぼくらに染み渡っていなかったら、きっとあっという間に天狗《てんぐ》になって、一瞬にして消え去っていたはずだ。

成功するのは大変だけど、もっと大変なのは成功した後だ。モノゴトというのは、本当はうまくいった後の方がよほど難しい。成功するために苦労するのは簡単だけど、成功した後にそこからさらに苦労するのは難しい。だけど、本当のことをいえば、成功なんてものはあっという間に過ぎ去ってしまう「瞬間」でしかない。山の頂上が、ほんの小さなスペースでしかないように。何日もかけて山に登っても、頂上にいられるのは僅《わず》かな時間でしかない。登ったら下りなきゃいけないわけで、それが嫌だったら、さらに高い山頂を目指すしかない。

本当の意味で成功するってことは、みんなにちやほやされることなんかじゃなくて、ひとつの山の頂上に辿りついたら、そこで立ち止まらず、すぐに次の山の頂上を目指す気概《きがい》を持ち続けるってことなのだ。

そういうことを、ＨＩＲＯさんはぼくらに教えてくれた。事あるごとに、機会があるたびに、自分の経験をもとに、絶妙で的確なアドバイスをしてくれた。

ＨＩＲＯさんのアドバイスは、ほんとに、微《び》に入り細《さい》に入りというか、痒《かゆ》いところに手が届くというか、具体的でわかりやすいのだ。ぼくらが陥りそうな考え違いや、はまってしまいそうな罠を、ずっと前から予見して教えてくれる。それも上から目線じゃなくて、あくまでも同じ失敗をした先輩として、押しつけるんじゃなく、自分で考えられるように、優しく。

社長とかリーダーの立場からの指導というよりも、むしろ道案内のような感覚だった。喩えるなら、ニューヨークの危険な裏道の道案内をしてもらっているような。

「〇〇の裏はアブナイから。夜は絶対ひとりじゃ行かない方がいいよ」

「こういうやつらが歩道の先に立ってたら、さっさと反対側の歩道に渡った方がいいよ」

そんな感じで、まるでジャングルみたいな世の中を、安全に歩く心得を教えてくれた。

そしてぼくらは、少しずつ理解するようになったのだ。

このジャングルでいちばん危険なのは、自分の中に棲《す》んでいる猛獣だということを。

月並みな話だけど、結局のところ大切なのは、自分の心構えなのだ。

EXILEが爆発的にヒットして、みんなが少なからぬ収入を得たときのこと。

HIROさんがポツリとこんなことを言った。

「お金入ったらさ、遊んで使っちゃうのは簡単だけど、自分が楽しむ前に、まず親になんかしてやった方がいいよ」

他の人にそう言われたとしたら、それほど本気では聞かなかったかもしれない。

だけど、HIROさんの言葉には後悔する気持ちがにじみ出ていたから、胸に深く刺さった。

ＨＩＲＯさんの失敗があったから、ぼくらは道を誤らずにここまで歩いてこられたのだと思う。

TRACK #8/2　イマシメの補足　ｂｙÜＳＡ

親孝行のエピソードは、とってもいい話なので、ボクからも補足したい。

ＭＡＫＩＤＡＩが書いたように、ＥＸＩＬＥが売れてきたとき、「自分たちが遊びまくる前に、親に幸せな人生だったと思わせてから、遊んだ方がいいよ」と言われて、ボクはハッとした。

ほんとに、その通りだと思った。そうだよな、って。

ボクのために、親は今まで地球を何周かできるくらいのお金を使って育ててくれているわけで、まずはそこから喜ばせなきゃって、素直に思った。

それで、ちょうどそのときに入った収入を、全部父ちゃんに渡した。居酒屋を夫婦でやりたいって言ってたから、ファンキーサミーにプレゼントしたのだ。

その店に、MAKIDAIやマッチャンと遊びにいったのは、すごくいい思い出だ。

そこからトントン拍子に店は繁盛《はんじょう》し、父ちゃんと母ちゃんは幸せに暮らしましたとさ……となればいい話なのだけれど、人生はそんなに簡単にはできていないらしい。

まあ、喜んでくれたからいいけど。

結局、ボクは遊んでいない。

いや、真面目な話をすれば、自分のためより、まず親のために何かをしてあげようと考えたときから、ボクは変わった。

父ちゃんが喜んでくれたことが、すごく嬉しかったから。自分のために使っても、そんなには嬉しくないだろうなと思った。

つまり、よく考えてみれば、お金が入ったからって、何も無理していいクルマ買ったり、遊びまくることなんてないんじゃないのと思うようになった。

そんなことより、ほんとに自分がやりたいことに、お金は使わなきゃ。子どもたちのためとか、自分のダンスを極めるためとか。

その方が、ずっといい気持ちでいられる。

ＨＩＲＯさんが言いたかったのも、ほんとはそういうことだったのだと思う。

つまり、お金は有意義に使った方がいいよ、ってことだ。

だけど、ＨＩＲＯさんは、そういう偉そうな言い方はしない。

ＨＩＲＯさんの感覚で、きっとÜＳＡなら、「親をまず喜ばせてやりなよ」という言葉に反応するだろうと思って、そう言ったんだと思う。素直なボク（！）なら、きっとそうするだろうって。

お金は、稼ぐよりも使う方が難しいといわれる。いいお金の使い方の第一歩を、ＨＩＲＯさんに教えてもらった。

TRACK #9 英雄《ヒーロー》のもうひとつの顔

小次郎
登場

by MATSU

HIROさんのおかげで、今の僕らがあるのは確かだ。
HIROさんが、すごい人なのは間違いない。
僕にとってHIROさんは、初めてZOOを見た中学生時代から、その名の通りヒーローだった。

だけど、HIROさんだって人間なわけで。

何よりHIROさんは、悪戯《いたずら》が大好きだ。

それも、けっこう子どもっぽい、ストレートな悪戯が……。


たとえば、僕がある漫画にはまっていたときのこと。

その漫画とは『バガボンド』。多くを語る必要はないだろう。井上雄彦《いのうえたけひこ》さんの大ヒット作だ。ちなみにバガボンドとは、英語で放浪者。EXILEとほぼ同じ意味だ。だからってわけじゃないけど、何かを求めてさすらう主人公、宮本武蔵の姿を描いたこの作品のあちこちに、共感できる部分があって僕はこの漫画が大好きだ。何回、涙を拭いたかわからない。

この感動巨編のクライマックスのひとつに、佐々木小次郎が登場するシーンがある。

佐々木小次郎は、宮本武蔵の生涯のライバルだ。作者の井上さんは、そのライバル登場の場面を盛り上げるために、読者を焦《じ》らして期待を持たせる。すぐには登場させない。読者は、ページをめくりつつ、気分を昂《たか》ぶらせていくわけだ。

僕もそうだった。事務所だか、控え室だったかで、固唾《かたず》をのみながら、小次郎の登場を期待して、ページをめくっていった。

「出るぞ、出るぞ……」

そして最高に昂ぶったところで、ページをめくると……。

ドーンと剣豪、佐々木小次郎の絵があって、その横に「その名も、佐々木小次郎！」という、決め台詞《ぜりふ》があった、はずだった。

本来は。

ところが、実際には、僕がページをめくると、その佐々木小次郎の文字は黒いマジックで消され、その隣に黒々と「松本利夫」と書き込まれていた。

明らかに、ＨＩＲＯさんの字で。

「その名も、松本利夫！」って……。

漫画を読んで、涙は流しても、あんなに衝撃を受けることはない。クライマックスで自分の名前を見るとは思わなかった。笑いが止まらなかった。

いったいあの人は何をやってるんだ。

いつ、あの人は僕が『バガボンド』を読んでいることを知ったのだろう。どこに悪戯してやろうかと、こっそりページをめくる姿が目に浮かぶ。けっこう真剣だったに違いない。そこ以外はないというくらい、絶妙な場所への絶妙な書き込みだ。

あと、昔よくやられたのがカバンにグラビア。

家に帰って、カバンを開けたら、『ヤングジャンプ』の水着のグラビアページの切り抜きが、いちばん上に乗っていたり。テレクラのチラシがごっそり入っていたり。

いつの間に、こんなことしていたんだ。けっこう手間もかかるだろうに。
プレゼントか何かのつもりか？
奥さん（僕には妻がいる）に見られたら、なんて言いわけすりゃいいんだ？
しかし、それにしても、なぜそういうことをする？
「面白《おもしれ》えから」
そう答えるに決まっているけれど。
人をおどろかせたい一心なのだ。
そういう人なのだ。

親ゴコロ!?

by ÜSA

ほんと、HIROさんの数々の悪戯にはおどろかされた。

ボクが、初めてDANCE EARTHの旅に出たときもそうだった。

目的地はキューバ。すごくいいところだっていう人もいるけど、やっぱり社会主義国だし、治安だって日本みたいには良くないだろうし、まだあんまり旅にも慣れていなかったし、けっこうコワガリだし。ボクは少なからず緊張していた。

未知の国で迷子になりたくなかったから、キューバ行きが決まるとさっそく若者の旅の友『地球の歩き方』を買って、暇《ひま》さえあれば読んでいた。

現地について、ホテルにチェックインして、その旅のバイブルを引っ張り出して、これからどこへ行こうかと、地図のページを開くと……。

あちこちに、しょーもない書き込みがしてある。

もちろん、ボクが書いたわけではない。

筆跡鑑定の心得があるわけじゃないけれど、誰が書いたかはすぐわかった。

書いてあることが、ほんとにしょーもないから。

ハバナの街のあちこちに、「チ◯コ公園」だの、「ウ◯コ広場」があるわけないだろう。

まるで小学生だ。

スケジュール表を開けば、そこにも何やら細かい字で書き込みがある。

「夜10時　パンツ一丁で、部屋の中で全力で踊る」とか……。

なんていうか、感心するくらいマメだ。

まあ、おかげで、書き込みを見つけるたびに大爆笑で、旅先での不安も、ちょっぴりだけど和らぐ気がしたわけだけど。

旅先で怯えているボクを、リラックスさせてやろうという、親ゴコロですよね⁉

グリズリーとゴリラが戦ったら

by MAKIDAI

ぼくら3人が、2015年でEXILEのパフォーマーを卒業することを決めた後、久しぶりに昔のメンバーだけで食事をした。HIROさんに、ATSUSHI、マッチャン、ウッサン、ぼくの5人。会社のスタッフも、マネージャーも交えずに、ぼくらだけで食事をするのは、何年ぶりのことだろう。

昔はよく、HIROさんに連れられてご飯を食べにいったものだ。いつも

ＨＩＲＯさんが、おごってくれた。本当は、ＨＩＲＯさんだって大変だったはずなのだ。それでも、そんな素振りは一切見せず、ぼくらの寒い懐《ふところ》を気遣って、借金をしてでもおごってくれていたらしい。

そんなこととは露知《つゆし》らず、さすがＨＩＲＯさん、お金あるんだなあくらいにしか、あの頃は思っていなかったけれど。

何年かぶりに5人で食事しながら、あの時代の気持ちを懐かしく思い出した。

ぼくらが卒業することは、もちろんＥＸＩＬＥのメンバーにもきちんと話をしたし、公式な発表をする予定も組まれていた。けれど、そういうこととはまた別に、この旅を始めたときの仲間だけで話をしようという、ＨＩＲＯさんなりのけじめだったのだろう。

とはいえ、真面目な話は最初の5分くらいでさっさと片づけて、残りの時間は、ほんとにどうでもいいような、なんの身にもならない話を延々としていた。

いや、どうでもいいなんて、話しているときにはまったく思わないんだけれど。

グリズリーとゴリラが戦ったら、どっちが勝つんだろうみたいな話だ。

いや、それは喩えじゃなくて、そのときも実際にその「どっちが強いか論争」をさんざん繰り広げた。「ワニとクマはどっちが強い？」とか「トラとゾウが戦ったらどうなる？」とか。

そういうとりとめのないバカ話を、大笑いしながら延々と続けるわけだ。

人間は将来どんなふうになっていくんだろうという話も出た。政治や経済の話じゃない。そんな近い未来の話じゃなくて、何千年とか何万年とか未来の話だ。

「やっぱ、そのうち宇宙人とかと交信できるようになるんじゃね？」とか、「進化して、イカみたいになってたりして。そうなったら、どうする？」とか。

　ほんとに、どうでもいい話なんだけど、まあ、よく考えれば、それでおたがい頭の体操をしているともいえる。どれくらい面白い説を出せるかが「勝負」なわけだ。知識を競うのではなく、発想の豊かさを問われるわけだ。真面目にいえば。

　やってみると、これがけっこう面白い。

　ひとつの話題で盛り上がって、面白い話が出尽《つ》くすと、誰かがまたなんの脈絡《みゃくらく》もない話題を持ち出す。そのときは、ちょうどネットで、ローマ法王がピザの宅配を受け取ったというニュースが流れていた。

「いくらなんでも、ガードが甘くない？」

「いや、ちゃんとセキュリティチェックはしたんじゃないの？」

「庶民的なところを見せて、好感度を上げたんじゃないの？」

　その話をひとしきりしたところで、ＡＴＳＵＳＨＩがポツリと言った。

「そういえば、ローマ法王の電話番号知ってる人、知ってるわ」

「嘘だろー」

「いや。冷蔵庫に貼《は》ってあったもん。ローマ法王の電話番号」

「また、またー」

「いや、ATSUSHIならそういう知り合いいるかもよ」

「いや、いや。嘘だろ、ATSUSHI!」

「そもそも、ローマ法王に直通番号とかあるのか?」

「ほんとだって。というのも……」

ATSUSHIがローマ法王の電話番号を知っている人を知っているかどうかは、もちろん結論が出なかった。

そういうことを何時間でも話せるのだ。

その話の中心は、HIROさんなわけだけど。

HIROさんと話していると、すぐそういう話になる。

……でも、まあ、そういう話をするのは、ほんとに久しぶりだった。

残念なことに、そういうどうでもいい話をする時間が、最近はめったに取れなくなった。５人だけで集まる機会が、なかなか作れないから。後輩たちのいる前では、あんまりバカな話ばかりしていると、ほんとにバカだと思われる恐れがあるし……。

ＥＸＩＬＥが大きくなって、自分たちの夢や希望が、どんどん実現するようになったのは、本当に嬉しい。そのために、みんなで頑張ってきたわけだし。自分たちが望んだ以上の、というよりも、想像もつかなかった未来にぼくらは生きている。だから、もちろん、不満は何もない。

ただ、いろんなことが思い通りにならず、お金も仕事もあまりなくて、みんなでバカ話ばかりしていたあの頃のことを思い出すと、何か大切なモノをなくしてしまったときのような、チクリとした心の痛みを感じる。

贅沢な「痛み」なのはわかっている。

みんなでしていたバカ話は、しぼみそうな夢という名の風船を、なんとか膨《ふく》らませるための材料だったんじゃないかと今は思う。どんなときも、HIROさんが夢を失わなかったから、ぼくらもその夢に乗っかって、自分の夢を膨らませることができたのだ。

HIROさんは、今もそういう子どもの心を失っていない。

久々にみんなで会って、大笑いしながら、ぼくはそのことを再確認した。

EXILEという風船は、もっともっと大きく膨らんで、そのうち宇宙くらいに大きくなっちゃうんじゃゃね？

TRACK #10　ダンスの力、夢の力　by MATSU

自分の夢を友だちに話すことって、実際にはあまりないと思う。酔っ払って盛り上がって、なんか大きなことを話したくなって、遠い昔に抱いていた夢を語るくらいのものだ。「俺、ほんとはニューヨークで暮らしたかったんだよねえ」みたいな。

それに子どもの頃は別として、二十歳を過ぎてだんだん大人になってくると、夢なんてあまり見なくなる。現実がいろいろ見えてくるから。

自分の夢を語る大人は少ない。

そういう意味で、ＨＩＲＯさんはやっぱり特別な人だ。

そもそも僕がＨＩＲＯさんに誘われたのは、夢を実現するためだった。ダンサーがアーティストとして、厳しい音楽業界で勝負するという夢だ。

その夢に乗せてもらって、僕らはチームを組んで、ここまでやってきた。

その間中、ずっとＨＩＲＯさんの夢を聞いてきた。

夢という言葉を僕は使っているけど、ＨＩＲＯさんのはむしろビジョンといった方が近いかもしれない。すぐに実現しそうなアイデアもあれば、現状から遠く隔《へだ》たっているアイデアもある。

いずれにしてもＥＸＩＬＥが急成長するにしたがって、その夢のようなアイデアの多くがいつの間にか実現可能な計画に変わった。

ＨＩＲＯさんが夢をたくさん語るのは、それだけたくさんアイデアが湧いてくるということなのだと思う。すべてのアイデアが実現したわけではないけれど、その多くが現実になった。

だけど、もっと大切なことがある。

僕らも、それぞれにたくさんの夢やアイデアを持つようになったということだ。

ＥＸＩＬＥが成長し続けているのは、その夢をみんなで共有するからだ。

ひとりで見る夢は小さいけれど、みんなで見る夢は大きい。

どんどん夢を膨らませながら、僕たちはさらに大きな夢を実現できるようになった。

夢を現実にする方法を学んでいった。

夢はそのままでは実現できない。夢を実現可能なアイデアに変え、さらにそれを目標と計画に分解していく。そうすれば、より多くの人がその実現に協力できるようになる。

それぞれがそれぞれの夢をかなえることで、僕らはさらに大きくなっていく。そうして大きくなることで、もっと大きな夢を見られるようになった。

まるで夢みたいな話だけれど、それが僕らの現実だ。

どうして僕らにそれができるかというと、それはダンスの力だと思っている。

ダンスには2つの面がある。ひとつは、それがとても個性的なものだということだ。

同じ音楽を聴き、同じ振り、ステップで踊っていても、ふたりのダンサーが踊れば、2つの違うダンスになる。

ウッサンやMAKIDAIと一緒に踊るようになって、もう20年以上経つけれど、僕はウッサンやMAKIDAIのように踊れない。彼らだって、同じことだろう。

ウッサンのダンスはウッサンのもの、MAKIDAIのダンスはMAKIDAIのもの、そして僕のダンスは僕のものでしかない。ダンスは、人と人が違うように、本来とても個性的なものだ。

けれど、同時に、ダンスは人と人をつなげる。それぞれの動きは微妙に違っても、同じリズムに乗ったふたりのダンサーの動きは、シンクロしてたがいに影響を与え合う。

これはMAKIDAIがよく言うことだけど、長年一緒に踊っていると、たがいの次の動きが読めるようになる。次は誰が真ん中に入るとか、誰が横にずれるとか、あいつがこう動いたから、自分はこう動くとか。瞬時に判断しながら、僕らは踊っている。

それは考えてするというよりも、カラダ全体で感じているのだ。そういうとき、一緒に踊っている僕らは、全員がひとつの何かになっている。たとえば空中で突然いっせいに向きを変える、何千羽の渡り鳥の群れにそれはよく似ている。

野球場でウエーブが起きたとき、自分もその波に乗って両手を上げ、立ったりしゃがんだりして、嬉しくなったことがあるだろうか。あの感覚と、僕らが踊りながら感じている一体感はよく似ている。

個性の違うひとりひとりが、全員でひとつの何かになって踊る喜びは、きっと人間の本能に組み込まれているのだろう。そういうことを僕らダンサーは一緒に、もう20年以上も続けているものだから、おたがいに会っていなくても通じ合えるのだ。

それがダンスの力だ。

そして、結局のところ、僕らがみんなでおたがいの夢を共有し、ひとつの大きな夢に向かっているのも、僕らが本質的にダンサーだからなのだと思う。

ひとりひとりの人間が抱く夢は、それぞれに違うものだ。

けれど僕らには、ダンスで動きを合わせるときのように、誰かが夢をかなえることを自分のことのように喜ぶ習性がある。あるいは、みんなで抱くひとつの夢の実現のために、みんなで力を合わせていることに、ウエーブをみんなで作っているときと同じ喜びを感じる。

それぞれの夢と、みんなの夢。

その両方を、僕らはＥＸＩＬＥという夢をかなえるためのステージで実現し続けてきた。

そしてひとつの夢をかなえるごとに、僕らは自分に自信を持ち、自分たちが何をなすべきかを考えるようになった。

HipHopのダンサーが社会貢献だなんて柄にもないと言われたりもした。けれど、僕らはただ普通のことをしているだけだ。見かけが強面な僕らだから（最近のメンバーはそんなことないけれど）、よけいに目立つのだろうか。

今までずっと、僕は夢を実現したのは自分たちだという言い方をしてきた。本当はそうじゃない。僕らの夢は、僕らだけで実現できたわけではない。

僕らを支えてくれた、たくさんのファンの方たちがいなければ、何ひとつ成し遂げることはできなかった。だから僕らは、心から世の中に少しでも恩返しをしたいと思う。

ここまでこの本を読んでくださった読者なら、とっくにわかっているように、僕らは本当に普通の子どもだった。普通の子どもが、普通に育って、そしてダンスに出合った。

そのダンスが、僕たちをここまで連れてきてくれた。

そしてたくさんのファンの方たちに支えられて、たくさんの夢を実現してきた。

これからも、もっともっとたくさんの夢を実現したいと思っている。

だから、自分たちの夢だけがかなうのを願うのではなく、みんなの夢がかなうことを祈る。少しでも、その役に立ちたいと思う。

Ｌｏｖｅ、Ｄｒｅａｍ、Ｈａｐｐｉｎｅｓｓ。

愛と夢と幸せと。

人としてこの世に生まれた喜びを、みんなが感じることを夢見るのは、本当にごく普通のことだと思う。

世の中が少しでも良くなるように願うのは、とても自然なことだ。

夢とダンスの力が、そのことを僕らに教えてくれた。

TRACK #11　純度　by ÜSA

大人はよく子どもに、「将来何になりたい?」と聞く。

そう聞かれて、即座に、「○○になりたい」と言える子どもは、実はそれほどたくさんはいないと思う。

ボクがそうだった。

だけど、大人にそう聞かれれば、何か答えないわけにはいかない。

「別に何にもなりたくないです」

そう答えるのは、けっこう勇気がいる。

周りの友だちが、イロイロ夢を語っているのに、自分だけ夢がないのは悪いことのような気がする。自分だって、将来の夢くらい持ってると、言いたくなる。

それで、なんとか考えて、ほんとはそれほどなりたいわけでもないのに「○○になりたい」と答える。

　ボクの場合は、サッカー部に入っていたので、「サッカー選手です」と答えていた。

　そう答えて、自分でもサッカー選手になりたいような気になっていた。

　だけど、そのうち、ちょっとこれは違うんじゃないかと思うようになった。

　そんなにサッカー選手になりたいわけじゃなかったから。だいたい、地区大会で予選落ちしているような弱小チームの、たいして上手くもないフォワードが、サッカー選手になんかなれるわけないじゃないか。中学生だって、それくらいのことはわかる。

　なのに、夢を聞かれるたびに、「サッカー選手」と答えていた。

　そのたびに、ココロがチクチクと痛んだ。自分は本気でサッカー選手になりたいのかなあと、小さな胸に手を当てて考え込んだ。

そしてある日、サッカー選手になりたいと言うのは、やめようと思った。

それからは、「ビッグになりたい」と答えるようになった。

それくらいしか答えを思いつかなかった。

ほんとに、超バカみたいな答えだけど。「ビッグになりたい」っていうのは、嘘じゃなかったわけで……。

大人は子どもに、「将来何になりたい？」なんて聞く必要はない。それが大人の役割みたいに思っている人もいるかもしれないけれど。

本当に、自分が将来なりたいものに出合ったら、子どもは自分でわかる。

ボクにとっては、ダンスがそれだった。

最初から自分の一生の仕事にしようと思ったわけじゃないけれど、ダンスはボクがそれまでに出合った他のものとは、はっきりと何かが違っていた。

他のいろんなことは、いろんな理由で続かなかったけれど、ダンスだけはやめようという気にならなかった。他のすべてを犠牲にしても、どうしても続けたいと思った。

そして、そうやって踊っているうちに、あるときはっきりと「ボクはこれを一生の仕事にしたい」という思いが湧き上がってきた。

そう思ったとき、ボクはすでに子どもではなくなっていた。

でも、一生かけてやることなんて、実際は、そんなふうに決まることの方が多いと思う。

大人は、安易に子どもの夢を聞いちゃいけない。

生真面目な子どもは、きっとココロを痛めているに違いないから。

ボクが言いたいのは、夢を抱いちゃいけないということではない。

大切なのはなんでもいいから夢を持とうなんてことじゃなく、自分の感性や、大好きだという思いを、どれだけ純度高く保てるか。それが大事なんだと思う。

その聖域をしっかり守っていれば、道に迷ったときにきっと「こっちに進んだ方がいいよ」って声が聞こえてくる。悩んだときは、その自分の聖域に聞いてみたらいい。

自分の聖域を大切にすること。その純度を高めること。

簡単に自分の夢を決めてしまうことはない。

大切なことは夢を探すのをやめないこと。

聖域の純度を高めていけば、いつかきっと自分が本当にやるべきことに出合えるだろう。ボクはそう信じている。

第4章　離陸

TRACK #12　卒業　by MAKIDAI

ＥＸＩＬＥがダンス&ボーカルユニットであることは、あらためて説明するまでもない。

ボーカリストが歌い、パフォーマーチームが踊る。

それが、基本的な役割分担で、それは誰もが知っている。

だけど、パフォーマーチームにはもうひとつ、コアなファン以外には、あまり知られていない役割がある。

ライブのさまざまな演出やアイデア、毎年のツアーやライブの戦略を立てるのは、パフォーマーチームの担当なのだ。ときには、ボーカルチームからアイデアが出ることもあるけれど。特にステージに関しては、ぼくらパフォーマーチームが中心になって進行していくのがＥＸＩＬＥのスタイルだ。

ぼくたち3人が、今このタイミングでＥＸＩＬＥのパフォーマーを卒業するのも、実はそのことと深い関係がある。

２０１５年の年末で卒業すると発表したとき、ＨＩＲＯさんが卒業したときと同じように、まだまだ十分に踊れるのに早過ぎるのでは？　とよく言われた。

ファンの方たちにそう言っていただけるのはとても嬉しい。

ぼくにしても、卒業が寂しくないわけじゃない。来年はもうＥＸＩＬＥのパフォーマーとしてステージに立つことはないと思うと、心の中を冷たい風が吹き抜けていくような気分だ。

いや、正直に告白すれば、この期におよんでも自分が卒業するなんてまだ信じられない。

自分で決めたことなのに……。

エンタテインメントの世界全体を見渡せば、40代のアーティストなんてまだほんの駆け出しみたいなものだ。メンバーの平均年齢が、60歳、70歳というグループだって珍しくない。

ミック・ジャガーは72歳だし、ポール・マッカートニーは73歳だ。それでも、世界ツアーで何万という観客を熱狂させられる。年齢を重ねてからの方が味が出てカッコよくなったというアーティストはいくらでもいる。死ぬまで自分はロッカーだというオジサンたちを、ぼくは心から尊敬している。自分もそうありたいと、願う。だからもちろんパフォーマーを卒業しても、ダンスをやめるつもりなんてさらさらない。

いや、ダンスのクオリティということなら、まだ何年でもＥＸＩＬＥのパフォーマーとして踊り続ける自信はある。体力の限界を感じたから、やめるわけではまったくない。

でも、だけど、やっぱり40歳という節目で卒業するのは間違いではないと信じている。

パフォーマーとしてはいつまでも踊っていたいけれど、演出家としての頭で冷静に考えれば、たとえばこれから3年後を考えたときに、ＥＸＩＬＥのオリジナル世代であるぼくら、つまり40代の男が３人もいるダンス＆ボーカルユニットってどうなの、と思うのだ。

40代のダンサーが駄目だと言いたいわけじゃない。

大人の渋いダンスの魅力だってあると思う。

だけど、ＥＸＩＬＥのパフォーマンスは、そういうものではない。

結成から15年、子どもからぼくら世代まで幅広い年齢層の方たちがＥＸＩＬＥを応援してくださるようになった。初めてライブに足を運んでくださるファンもかなりの数になる。

たとえばぼくらが50歳になったとしても、昔を知るファンの方たちなら、年を取ったぼくたちが老骨《ろうこつ》に鞭《むち》打って踊る姿に歓声を上げてくれるかもしれない。

けれど、それではすべてのファンを感動させることはできない。

みんなをハッピーにするには、やはりＥＸＩＬＥは若いライオンのようにいつも元気を迸《ほとばし》らせていなきゃいけない。ライブの演出をする者の立場で考えると、新メンバーにいつもスポットライトが当たるようにしたい。

そのためには、ぼくの卒業は、なんていうか、単純に必要なことなのだ。秋に葉が落ちるのが、春の芽吹きのためであるように、それはとてもシンプルな話だ。

ＥＸＩＬＥ全体をひとつの生きものだとしたら、「自分がここに行くことで、ＥＸＩＬＥを支えられるんじゃないか」と。そういう考え方を、ＥＸＩＬＥメンバーはみんなしていると思う。

ＥＸＩＬＥが進化し続けるために、ぼくは卒業する。

ＥＸＩＬＥがＥＸＩＬＥであるために、ＥＸＩＬＥのパフォーマーとしてのステージを退《しりぞ》く。

「All for EXILE」すべてはEXILEのために。

そう思えるのが、EXILEなんだと素直に思う――。


あ、なんだかしみじみした話になってしまった。

知らない人が聞いたら、なんかちょっと全体主義の匂いがして、あんまりアーティストらしくないと思うかもしれないけれど、これは別に自己犠牲とかそういう話ではない。

今も言ったように、ある意味でぼくらは、EXILEをとても客観的に見ている。別の言い方をするなら、EXILEそのものが、ぼくらにとってはひとつの作品なのだ。

ただしそれは、紙に描いた絵のような、固定されたものではない。EXILEという絵を描く絵の具は、生きた人間であるぼくらなわけだから。ゆえに、ＥＸＩＬＥは時間の流れとともに、刻一刻と変化していく。ぼくらとしては、生きものであるその絵を、どこまでも進化させたい。生きものを進化させるには、人間のカラダが新陳代謝によって若さを保つのと同じように、新しい世代と古い世代の交代をいつも心がけていなきゃいけない。

だ。

卒業という選択は、そのために必要なひとつのクールな演出でもあるわけ
そして、ＭＡＫＩＤＡＩというひとりの人間の視点から見れば、それは出発であり、新たな挑戦でもある。

パフォーマーを卒業しても、ぼくがＥＸＩＬＥの一員であることには変わりない。

ＥＸＩＬＥ ＭＡＫＩＤＡＩとして、これからは今までずっと挑戦してみたかった新しいことに思い切り取り組もうと考えている。

計画はいくつかあるけれど、今いちばんやりたいのはＤＪとプロデューサ

ーだ。

DJという仕事の面白さに目覚めたのは、ダンスを始めたばかりの頃に遡る。最初は、自分たちがイベントやショーで踊るための曲作りから始まった。もちろんダンスの曲作りは、作曲や作詞ではない。踊るための曲を探し、全体の流れを考え、その曲をかける順番を決めるという、ある意味では単純な作業なんだけれど、やればやるほど奥が深くて、ダンスと同じくらいこの作業が好きになった。それからニューヨークのクラブで、何人もの天才的なDJと出会い、この仕事の醍醐味《だいごみ》を知った。

DJは自分が選んだ曲、自分が考えた曲の並び、そして自分のテクニックでレコードを回し、ミックスした音楽で、フロアにいる何百人のお客さんを踊らせる。踊らせるなんて言ったら失礼だ。踊ってもらうわけだけれど、何百人、ときには何千人という人に、DJの技とセンスで極上の音楽体験をしてもらう。しかも、ただ音を聴いているわけじゃない。音に乗って踊るわけで、つまりそれはひとりのDJと何百何千という人の音楽とダンスのコラボレーションだ。必要なのは音選びのセンス、それから次々に生まれる膨大な新しい音楽に対する感覚と知識。そこには歌手やダンサーとはまた別の種類の、共感といえばいいか共鳴といえばいいか、他では味わえない喜びがある。日本に帰って、ダンスと並行してDJとしても活動を始めた。J Soul Brothersに参加したときも、HIROさんと「MAKIDAIがDJをやりたいなら、DJをやれる環境を作ろう」という話をしていて、イベントなどでときどきはDJをやっていたのだけれど、パフォーマーとしての活動が忙し過ぎて、なかなか本腰を入れて取り組めなかった。

そのDJに、本気で取り組もうと考えている。

2014年にHIROさんの呼びかけで結成したPKCZ《ピーケーシーズ》®が、その活動の第一の拠点《きょてん》になる。現時点でのメンバーは、HIROさんとぼくと、VERBALにDJ DARUMA。「世界をMIXしようぜ」というコンセプトで、すでにジャネット・ジャクソンさんとのコラボも実現しているけれど、これからはもっとその活動の幅を広げたい。ＰＫＣＺ®は、音楽もダンスも、ファッションもカルチャーも人も、世界にあるあらゆるものをＭＩＸすることで、新しい体験や価値を創造していこうという、なんでもアリなコンセプトなので、ダンス＆ボーカルユニットとしての活動をベースにしてきたＥＸＩＬＥではなかなか実現できなかった壮大《そうだい》なＭＩＸに挑戦できるはずだ。

そしてもちろん、ＥＸＩＬＥのパフォーマーとしてやってきたこと、経験してきたことが、そのために大いに役立ってくれる。

その経験を活かして、現在のＥＸＩＬＥ、ＥＸＩＬＥ ＴＲＩＢＥ所属のアーティストはもちろん、ＥＸＩＬＥの枠も、日本という枠さえも超えて、世界中のアーティストをＭＩＸして、「音楽」をテーマに新しいエンタテインメントを打ち出していきたいと考えている。

すでに制作を始めている曲もいくつかあるんだけど、曲が具体的にできていく中で、考えなきゃいけないことはたくさんある。どういう形でその曲を発表するのか、場所はライブ会場がいいか、それとももっとクラブ感のある場所がいいか、ステージには誰が上がるか、どんなアーティストやダンサーとコラボするか、曲の流れはどうするか、どんなハプニングを仕掛けるか……。

やらなきゃいけないことは山ほどあって、卒業したら少しは休みが取れるかななあなんて、甘い夢も見ていたんだけど、なかなか難しそうだ。だけど、結局それをやってしまうのは、ぼくがダンスと音楽をこよなく愛するから。きっと、いつまでもこういう生活を続けていくんだろうと思う。

とにかくこれからは、そんな最高に刺激的でひたすら楽しいイベントをどんどん仕掛けていく予定なので楽しみにお待ちください。

できれば、DJ MAKIDAI PKCZ®プロデュースのイベントで、また会う日まで!!

TRACK #13　地球で踊る　by ÜSA

その昔、人間はひとつの民族で、みんな同じひとつの言葉を話していたという。

人間たちは、ある街に集まって、天まで届きそうな高い塔《とう》を作り始めた。

それを見ていた神様が、人間の言葉を乱して、たがいの言葉を理解できないようにした。

意思の疎《そ》通《つう》ができなくなった人間たちは、街を去り、地上に散らばった。

そして人間はたくさんの民族に分かれ、たがいに理解できないたくさんの言葉で話すようになった。

『創世記』のバベルの塔の物語だ。

この物語には、短い続きがある。

いや、それはボクが考えたんだけど……。

たがいの言葉が理解できなくなって混乱した人間たちを見て、神様は少し哀れに思い、ひとつだけ、たがいに理解し合える共通のものを残してやることにした。

それが、ダンスだ。

言葉が通じない相手とだって、ダンスをすればココロを通わせることができる。

ダンスは、世界中に散らばってたがいを疑心暗鬼《ぎしんあんき》の目で見るようになった人間たちが、いつの日かまた、たがいに理解し合えるようになる鍵だとボクは信じている。

ボクがそうだったから。

その昔、ボクは何かあると、すぐにココロのシャッターを下ろしてしまう悪いクセがあった。ガラガラガッシャーン。

自分がよく理解できないもの、不安を感じるものに直面した途端、ココロのシャッターを下ろして、外の世界を拒絶してしまう。

ニューヨークのクラブで、1週間踊れなかったのもそのせいだ。

確かに初めての外国のクラブだし、物騒な場所ではあったけれど、マッチャンもMAKIDAIも楽しく踊っていたわけで、ボクのはつまり過剰反応だった。

言葉の通じないこの人たちと、ココロを通わせるなんて無理だと思ってしまったのだ。

だけど、1週間シャッターを閉め続けたあげく、思い切って踊って、それが単なる思い込みだと気づいた。

人間は踊るだけで、ココロを通わせることができると知ったのだ。

それが最初の経験で、それからボクは少しずつ目を開かされていった。

しばらくしてＪ　Ｓｏｕｌ　Ｂｒｏｔｈｅｒｓのメンバーになり、日本語の歌で踊ることになった。

アンダーグラウンドのＢＡＢＹ　ＮＡＩＬ時代を知る友だちから、「え、そっち行っちゃうの？」みたいな言われ方をして、グラッときたことも正直あったけど、ボクにとってそれは得がたい経験だった。

まず何よりも、日本語の歌で踊るようになって、言葉の意味をちゃんとカラダで伝えなきゃと思うようになった。アメリカのＨｉｐＨｏｐだけで踊っていた時期のボクは、視線が自分の方にしか向いていなかったというか、要するに自分がいかにカッコよく見えるかってことしか考えていなかったのだ。

それが人に何かを伝えるために踊るという意識に変わり、そこからだんだん自分の踊りも変わっていった。愛とか夢とか幸せとか、誰かのためにとか、そういう歌詞をカラダに流すことによって、その大切さに気づくようになった。

ＥＸＩＬＥ第１章の終わりに旅に出たのは、そういう流れの中の出来事だった。

第一章の終わりに、ボクの個人会議があった。

個人会議というのは、メンバーそれぞれの活動のための会議。わかりやすくいえば、今後の自分の方針を、ＨＩＲＯさんやＬＤＨの人たちと話す場だ。ＥＸＩＬＥ第１章の終わりの深刻さは、マッチャンが詳しく伝えてくれたけど、ボクにとってもそれはとても大きな問題だった。

「ウッサンは、これから何をやっていくつもり？」

いつも当たり前にしている話も、あのときは意味深に聞こえた。なにしろ、そのままＥＸＩＬＥが終わってしまう可能性もあったから。

それは、ずっと前からＨＩＲＯさんに言われていたことでもあった。

「グループっていうのは、ずっとずっとやりたいことが同じっていうことはあり得ないし、今のうちから、みんなひとりひとり自分の将来、考えていった方がいいよ」

それはその通りだけれど、そのときがこんなに早く来るとは思わなかった。

そうか、もしも解散したら自分ひとりで何かやらなきゃいけなくなる。自分ひとりで立たなきゃいけなくなる。

でも、いったいボクひとりで何ができるんだろう？

考えても、答えはひとつだった。

「あ、踊り以外、何もない……」

ＭＡＫＩＤＡＩにはＤＪや役者の道があったし、マッチャンはファッションブランドを立ち上げていた。だけど、ボクにはダンス以外には何もできることがなかった。

ＥＸＩＬＥというステージを失ったら、どこで踊ればいいんだろう。いや、踊るのはどこでもできるけど、誰が見てくれるんだ。

そう思ったら、ブルーになった。

ひたすらブルーになって、ダンサーとして、ひとりの男として、自分が本当にやりたいことはなんなのかを考え続けた。

そして、唐突にその考えが浮かんだ。

ボクは、この地球上のダンスを全部見てみたい。

今やらなきゃ、いつやるんだと思った。

ＡＴＳＵＳＨＩは喉の手術があって歌えなくなっていたし、マッチャンはベーチェット病の症状がひどくなっていた。

ＥＸＩＬＥは活動休止状態だった。

そんなときに、ボクはひとりキューバに飛んだ。

キューバを選んだのは、当時のキューバはアメリカと国交がなかったからだ。ＨｉｐＨｏｐを生んだアメリカから、できるだけかけ離れた場所に行ってみたかった。

どんな音楽があるか、どんなダンスがあるかもまったくわからない、ボクにとっては完全に未知の土地で、ダンスには本当に人のココロとココロをつなげる力があるのか確かめてみようと思った。

キューバへの旅は大成功だった。

社会主義国だから、南の島とはいっても、自由を制限された窮屈な国なのかなと思っていたけれど、ボクが見たところぜんぜんそんなことはなく。音楽があふれていて、みんな幸せそうで。もしかしたらひとりひとりの収入は低いのかもしれないけれど、それを微塵《みじん》も感じさせない幸せ感がいたるところにあって、ラムと美味《おい》しい葉巻があった。

面白かったのは、社会主義国だけあって、ミュージシャンも公務員みたいなもので、人気のバンドはあるんだけど、なんていえばいいか、特別感がないというか、売れてるから偉いみたいな感じがまったくなくて、お魚屋さんとかバーテンダーと同列のミュージシャンというひとつの職業なのだった。

そういう意味では、誰もが主人公で、それぞれがそれぞれの人生を楽しんでいた。それはダンスの精神そのものといってもいいくらいで、おかげでたくさんのキューバの人たちと、ボクはダンスで「会話」を楽しむことができた。

キューバの人たちが愛するダンスは、ルンバだ。その昔、奴隷《どれい》としてアフリカから連れてこられた黒人たちの間で生まれたもので、単純で力強いアフリカの土の匂いのするリズムに乗って踊る。

ヨルバ・アンダホというルンバのチームが、ちょうど週末のライブのリハーサルの最中だという話を聞いて、ボクは遊びにいった。挨拶をして、ボクがダンサーだとわかると、リーダーが面白そうな顔で言った。

「ハポネ（日本人）か。お前の踊りを見せてくれ」

いきなりドラムが鳴った。ルンバのリズムだ。ちょっと待ってよ、ボクはルンバなんて踊ったことがない。どうステップを踏んでいいかもわからなかったけど、ヨルバ・アンダホのメンバーは興味津々の顔ではやし立てる。陽気さに煽《あお》られて、そのリズムに乗った。出会って数分で、踊っていた。１週間もかかったニューヨークとは大違いだ。遠い故郷アフリカの大空に向かって叫ぶような、歌声が上がる。ボクのステップを見て、パーカッションの顔つきが変わった。本気モードで叩き始めたのがわかった。キューバの大地とつながったと思った。

「なんだお前、ルンバを知らないなんて嘘だろ！」

ドラムの音が鳴り止むと、みんなが口々にそう叫んだ。

「初めてだよ、初めて」

「ほんとに、ほんとか。ちゃんとルンバのステップ踏んでたぞ」

笑いながら、リーダーが言った。

「ハポネ、週末のライブに来ないか。俺たちと踊ろう」

冗談だとばかり思っていたら、ほんとに週末のライブに彼らと出演することになった。キューバの人たちの熱気と歓声に包まれて踊ったあの夜のステージを、ボクは一生忘れない。

日本に帰って、すぐに個人会議を開いてもらって、HIROさんや会社のスタッフさんにその旅の話をした。

「キューバで、本当の自分の夢に気づいてしまいました。ボクは、世界中を旅して、世界中のダンスを学びたい」

そう言った瞬間、会議室がシーンとなった。

「え？　旅人？」

「EXILEがこんな大変なときに、……旅なの？」

頼みのHIROさんまで、目が点になっていた（と、思う）。

だけど、結局は笑って許してくれた。

「わかったよ。じゃあ、やってみな」

こうしてボクの個人プロジェクト、DANCE EARTHは始まった。

それから9年間で、世界の15の国と20の地域に旅をした。アリゾナのアメリカ先住民の居留地、セネガルのダカール、ブラジルのサルヴァドール、インドのバラナシ、パリ、パンガン島、メキシコ、ブータン……。

その土地のダンスを教えてもらうのが第一の目的だから、ひとつの旅に少なくとも1週間から2週間はかかる。EXILEのスケジュールの合間を縫わなきゃいけなかったから、これだけ回るのにもかなりの年月がかかってしまった。

行きたくても簡単には行けない場所もある。アメリカ先住民の踊りを教えてもらうためにアリゾナのズニ族を訪ねたときは、撮影の許可を取るために、まず現地へ行って、ズニ族の人たちと交渉しなければならなかった。

ズニ族の首長を始めとする主立った人たちを前に、ボクは緊張しながらDANCE EARTHの活動の説明をした。

「ボクはダンスを通じて、世界の人とつながりたい、世界のリズムを乗りこなしたい。そして、その先に、世界が平和になったらいいな、という願いを込めて踊っている。だから、何万年も変わらない、大地に祈りを捧げている、みなさんの踊りに触れたい」

彼らはとても真剣に話を聞いてくれた。それだけでも、ここまで来た甲斐があると思えた。遠い昔の祖先から受け継いできた踊りは、彼らの貴重な宝物だった。その大切なものを、この日本から来た見知らぬ男に教えるべきか否かを誰もが本気で考えてくれていた。

祈りの場面は撮影しないなど、いくつかの条件をつけて、彼らはボクを受け入れてくれた。そしてズニ族の聖地、サンダーマウンテンの麓《ふもと》で彼らのダンスを教えてくれた。ベアーダンス、バッファローダンス、スニークダンス……。それぞれに意味のある踊りを彼らは持っている。

基本的にはどの踊りも、ひたすら大地を踏みしめる、足踏みのダンスだ。

HipHopの複雑な動きに比べたら、単調そのものだけど、足を踏みしめるごとに、母なる大地と自分がつながっていくのを感じた。ダンスは、彼らの祈りなのだと思った。

ボクにその踊りを教えてくれたのは、ズニ族のダンスを受け継ぐ家柄のファビアンだった。彼は自分の家にボクを泊め、聖地に向かう朝、祖母から譲《ゆず》られたというバッファローの指輪をボクにそっと渡してくれた。バッファローは彼らの守護神だ。

「お前のDANCE EARTHの旅がうまくいくように、この指輪が守ってくれるから」

おばあちゃんにもらったその大切な指輪を、彼は出会って間もないボクにくれたのだ。

DANCE EARTHの旅を始めたときから、そういう不思議なことがよく起きた。

それが、ダンスの力だとボクは思っている。

ひとつの音楽で踊り合うと、何ヶ月もしゃべって仲良くなるよりもずっと早く、おたがいを理解し合う瞬間がある。一瞬で何かが通じることがある。

インドのバラナシのスラム街では、貧しい子どもたちと踊った。そこに子どもたちのための無料で通える学校を作る計画に、ボクが協力したときのことだ。

スラムの子どもたちには、夢がないと聞いていた。「将来は何になりたい？」って聞いても、「今回は物乞《ものご》いだから」とか「今回はボート漕ぎだから」という返事がくる。カースト制の名残《なごり》が色濃くて、どんな親の子に生まれたかで一生は決まると信じているのだ。

今回というのは、「今回の人生は」という意味だ。彼らは輪廻《りんね》を信じているから、夢や希望が抱けるとしたら来世のことだけなのだ。だからといって、子どもたちはネガティブなわけではない。みんな今を生きていて、キラキラ輝いているんだけど、人生はこれからという子どもたちが、本当にそんなことを言うのを聞いて少なからぬショックを受けた。彼らの貧困は、目を覆いたくなるくらいだった。

だけど、思いっ切り一緒に踊った後、子どもたちがこんなことを言い出した。

「ほんとは警察官になりたい」

「学校の先生になりたい」

「あ、でも、2番目くらいにダンサーになりたいよ」

「2番目かよ」と言って笑ったけど。

どこに生まれ育っても、やっぱり子どもは子どもなんだとわかって、ちょっとほっとした。ボクと踊って、彼らのココロが少しでも解放されたことがわかって嬉しくなった。

「お前のダンスには、祈りがない」と怒られたブータンでも、たぶんこの世でいちばん複雑なダンスがあるセネガルでも、そういう胸の熱くなる出会いがたくさんあった。

それもこれも、ダンスのおかげだ。

自分をこんな素晴らしい場所に導いてくれた「踊ること」の力を、ボクは信じている。

踊りは人を癒やすことも、元気づけることも、人を結びつけることもできる。ダンスには、無限の可能性が詰まっている。

それが地球上のどの民族にも備わっているってことは、やっぱりダンスはきっと神様が与えてくれた世界の人がつながるためのコミュニケーションツールなんだと思う。

みんな別々の言葉をしゃべっているし、見た目も違うし、国境も勝手に引いちゃってるし、だけど、それがもしもひとつになることができるとしたら、みんなが平和に生きられるようになるとすれば、そのヒントはこの「踊り」に隠されているんじゃないかと、ボクは思う。

ボクにとって卒業は、このＤＡＮＣＥ ＥＡＲＴＨのプロジェクトに没頭できるってことでもある。

強がりは言わない。そりゃボクだって、今までのようにＥＸＩＬＥの仲間たちとステージに立って踊れなくなるのは、みんなが想像している以上にもの凄く寂しいことだけど。

でも、ダンスの力で、ボクらはいつもつながっている。

ＥＸＩＬＥやＥＸＩＬＥ ＴＲＩＢＥの仲間たちを、ＤＡＮＣＥ ＥＡＲＴＨの活動を媒体にして、世界中のダンスとつなげるのが、これからのボクの役割だと思っている。

その経験と成果を、舞台や書籍や、音楽やその他もろもろの作品として発表していくために、ＥＸＩＬＥ ＴＥＴＳＵＹＡとＤｒｅａｍのＳｈｉｚｕ ｋａちゃんをオフィシャルメンバーに引き込んで、ＤＡＮＣＥ ＥＡＲＴＨ ＰＡＲＴＹというユニットを組んだ。

その活動の第一弾はすでに計画が進行中で、ＤＡＮＣＥ ＥＡＲＴＨ ＦＥＳＴＩＶＡＬと銘打った大規模な参加型・体験型エンタテインメントを開催することが決まっている。ボクが世界で出合ったダンスが、音楽が、料理が、それからもちろん美味しいお酒が楽しめる、はず、です。

世界中の踊りの魅力を、みなさんも直《じか》に楽しんじゃってください。

最後に――。

ズニ族のファビアンと話をしていて、「いつから踊っているの？」とボクが聞いたときのこと。

ファビアンは、バカなことを聞く日本人だという顔で答えた。

「俺たちは、お腹《なか》の中にいたときから、みんなダンサーだろ？」

母親のお腹の中で、蹴《け》ったり、ぐるぐる回ったりしていたときから、ずっとダンサーなんだよと、彼は言うのだった。
胎児がお腹の中で、最初に聞くリズムは、母親の心臓の鼓動だ。
そのビートに乗って、ボクらはこの世に生まれてくる。
そう、人間はみんな、生まれながらのダンサーなのだ。
だから、みなさんも……、イノチノリズムで。
一緒に踊ろう！

TRACK #14　ミッション　by MATSU

形あるものに永遠はない。

そのことを、最初に教えてくれたのはＨＩＲＯさんだった。

「時間って永遠じゃないんだよ、マッチャン」

そうＨＩＲＯさんに言われたとき、言っている意味はわかるけれど、正直どんな意図《いと》があるのだろうと思っていた。

今が永遠に続かないことくらい、すべてのものに終わりがあることくらい、僕だってわかってはいた。だけど、ＨＩＲＯさんが言うからには、必ず何か伝えたいことがあるということで。

ＥＸＩＬＥが時代の波に乗って、急成長していたときのことだ。

仕事が忙し過ぎて、休みがぜんぜん取れなくて、だけど若かったから、ステージに立つのが嬉しくて、何日だって踊り続けられるくらいの気分でいた頃のことだ。まあ、その忙しさは、嬉しいことにというかなんというか、今も続いているけれど……。

若いときには、年を取った自分を想像しない。

何もかもがうまくいっているときに、将来を心配するのは難しい。

真夏のクソ暑い日に、冬のダウンコートの心配をするようなもんだ。そりゃ冬が来たらダウンだってなんだって買うけど、熱射病の心配をしなきゃいけないときになぜ？

だけど、自分も年と経験を重ねるうちに、ＨＩＲＯさんの言っていたことの意味を考えるようになった。

あ、いや、まだ年寄りになったつもりはぜんぜん、まったくないけれど。

形あるものっていうのは、僕らの文脈《ぶんみゃく》ではＥＸＩＬＥのことだ。

つまりＨＩＲＯさんは、ＥＸＩＬＥは永遠じゃないって言っている。

考えてみれば、ＥＸＩＬＥというグループがそもそも存続の危機から生まれたわけだ。

Ｊ Ｓｏｕｌ Ｂｒｏｔｈｅｒｓがボーカルを失って活動休止寸前まで追い詰められ、なんとかその危機を乗り越えようと、みんなで必死にボーカルを探して、奇跡のようなふたりと巡り合って生まれたのがＥＸＩＬＥなのだ。僕らは、安住の地を求めてさすらうＥＸＩＬＥ＝放浪者なのだ。

「どんなに仲良しのグループだって、メンバー全員のやりたいことがずっと同じってわけにはいかない。いつか終わりが来るんだから、みんなもそれぞれ自分がやることを考えておいた方がいいんじゃないかな」

ＨＩＲＯさんは、そうも言っていた。

リーダーであるＨＩＲＯさんが、そういうことを言うこと自体がすごいと思う。

なにしろＨＩＲＯさんは、身を削《けず》るようにしてＥＸＩＬＥの存続に心を砕《くだ》いていたわけだから。みんなの心をひとつにして、大きな目標にぶつかっていくことでモチベーションを高め、ＥＸＩＬＥがどんなに成功しても、そこに留まらずに成長させるべく、あらゆる手を打った。

毎年のように、「今年こそ勝負の年だ」と言い続け、ＥＸＩＬＥのパフォーマンスをそのたびごとに大きく拡大していった。

それもこれも、ＥＸＩＬＥを存続させるためなのだ。それこそ、ＥＸＩＬＥを永遠のものにしようとしてるんじゃないかっていうくらい、次々に新しいことをやり続けた。

そういうＨＩＲＯさんが、「でも形あるものは永遠じゃないよ」と言うのだ。

そのリアリティが、ＨＩＲＯさんらしいなあと思うし、逆にいえば、永遠じゃないと知っているからこそ、その永遠に挑戦するために、あんなに努力しているんだろうなと感じる。

思えば、誰よりもＥＸＩＬＥの危機を肌で感じ続けたのはＨＩＲＯさんなわけだから。

困難やトラブルに見舞われたときだけじゃなく、むしろ向かうところ敵なしという順風満帆《じゅんぷうまんぱん》のときにこそ、危険が潜《ひそ》んでいる。そういう危険を敏感に察知して、ＨＩＲＯさんは僕らをここまで導いてきてくれた。

パフォーマーを4人から5人へ、さらに12人、17人と増やしていったのもそうだ。

何もかもがうまくいっているときに、ＨＩＲＯさんは大きな改革をする。「勝負は勢いに乗ってやるもんだ」というのが、ＨＩＲＯさんの持論だ。これでうまくいっているんだから、何も変えない方がいいと普通は考えるもんだけど。普通の人は、いろんなことがうまくいかなくなって、勢いが弱くなったときに、慌てて何かを変えようとするけれど、それじゃ遅過ぎると言うのだ。

ＨＩＲＯさんは僕らの６歳年上なだけだけど、そういうところは太刀打《たちう》ちできないくらい大人で頼もしい感が半端ない。ＨＩＲＯさんといれば、何があっても大丈夫だと思えてしまうほどだ。

でも、だからといって、いつまでもＨＩＲＯさん頼みでいるわけにはいかない。

僕もＥＸＩＬＥの一員で、だからこそＥＸＩＬＥの運命に責任を持たなきゃいけないと思う。

「形あるものは永遠じゃないよ」

そう言った、ＨＩＲＯさんの真意が痛いほどわかる年になったから。

卒業を考えるようになったのも、つまりはそういうことだ。

ＭＡＫＩＤＡＩもÜＳＡも伝えているように、ＥＸＩＬＥをもっとでかいものにするために、永遠じゃないかもしれないけれど、僕らの命が続く限りはＥＸＩＬＥが耀《かがや》き続けられるように。

そう考えて、僕は卒業を決めた。

HIROさんの、いや僕らの戦略はこうだ。

形あるものに永遠はない。それは宇宙の真理だけど、その真理に抗《あらが》うものがある。それは、生きものだ。生きものだってもちろんいつかは滅びるけれど、成長することによって、その滅びに対抗する。

成長している限り、生きものは生き続ける。

だからEXILEも、成長し続ける。それが単純なコンセプトだ。

たとえば僕らはEXILEのパフォーマーを卒業するけれど、EXILEでなくなるわけじゃない。

来年からも、EXILEのひとりとして活動する。ただし、今までみたいに全員で同じステージに立つわけじゃない。それぞれの分野で、それぞれの活動を広げていく。

そして、その活動自体で、ＥＸＩＬＥという存在をもっと大きく成長させていきたいと思っている。

ÜＳＡは、ダンスの世界をもっと掘り下げることによって。ＭＡＫＩＤＡＩはＤＪとイベントのプロデュースによって。もちろんそれは、今の時点で彼らがそういう計画を立てているということで、その後の成り行きによっては、もっと別の分野に進出していくこともあるだろう。そしてその先で、また仲間を増やして、そこで大きく成長していくこともあるだろう。

どこに進出しようと、どれだけ大きくなろうと、僕らがすることはＥＸＩＬＥのすることなのだ。

もちろんその中心、コアの部分には、ダンス＆ボーカルユニットのＥＸＩＬＥがあって、耀き続けていてもらわなきゃならないけれど。

僕らは僕らのそれぞれのプロジェクトや活動によって、ＥＸＩＬＥの活動範囲を広げていく。

そうやって、大きく成長しながら、ＥＸＩＬＥはダイナミックに形を変化させていくはずだ。

ＥＸＩＬＥ第４章を迎えるに当たって、表記名をＭＡＴＳＵから松本利夫に変えた。

先につけ加えておくけれど、それでも僕の通り名は今も変わらずＭＡＴＳＵだ。メンバーで僕を松本とか利夫と呼ぶ人はいないし、呼ばれたら……赤面しちゃうかもしれない、おたがいに。

表記名を変えたのは、これからの活動の軸足を芝居に置くつもりでいるからだ。

今までも、映画やドラマに出演させてもらったときに、クレジットに僕だけＥＸＩＬＥ　ＭＡＴＳＵと入れるのは何か妙な感じがしたので、松本利夫という本名を入れさせていただいていた。

第4章に入るとき、HIROさんがLDHの所属全員に、「今後のことを考えて、表記名を変えるなら今じゃない?」という話をした。三代目J Soul BrothersとかGENERATIONSとかE-girlsとかにも、普通のっていったら変だけど、漢字の名前を表記名にする人が増えていたから。

それはHipHopから始まった僕らの歴史が、ひとつの転換期を迎えたことの象徴だったかもしれない。HipHopというひとつのジャンルの音楽にこだわって、僕らはここまで成長してきたけれど、これからはもっと自由に活動の幅を広げていくということだ。

松本利夫になったからといっても、僕が今後もEXILEという家族のメンバーであることに変わりはない。心の中では、名字がEXILEで名がMATSUのままなのだ。

ダンスをやめるつもりはないけれど、僕は来年から本腰を入れて芝居と総合プロデュースに取り組もうと考えている。

初めて芝居をしたのは、忘れもしない2007年のことだ。『劇団EXILE』を立ち上げて、その第一回公演に僕とMAKIDAIとウッサンと、AKIRAが出演したのだけれど、その舞台がとにかく楽しかった。

当時のパフォーマーは基本的にしゃべらない。ライブのMCで、ちょっとしゃべるくらいのものだ。

だいたい当時のパフォーマーなんてものは、ほとんど照れ屋なのだ。照れ屋だから、パフォーマーになるってこともあるけれど、逆にパフォーマーを長いことやっていると、表現がカラダ中心になって、しゃべることがどんどん億劫《おっくう》になる。それでしゃべらないもんだから、さらにしゃべらなくなるという、まあ一種の悪循環が起きるのだ。

だからなおさらかもしれないけれど、あの舞台で、声を発して表現することが、もの凄く楽しく感じた。自分の新しい可能性に気づくのは、いくつになっても嬉しいけれど、あのときの僕がまさにそうだった。

そうはいっても、今思えば、赤面するしかないような舞台ではあった。きっちり演技指導は受けた。でも演技がまったく思うようにできなかった。稽古場《けいこば》でも、ぜんぜんできなくて、辛くて、もがき苦しんだ。しかし、それがまた楽しくて、芝居に目覚めてしまった。そこには、ＥＸＩＬＥのライブを作っていくのとはまた別の、新たな何かをみんなで協力して作るという喜びがあった。

もうひとつの収穫は、ボーカリストの気持ちが、少なからず、すべてではないがわかるようになったことだ。

舞台でスポットライトを浴びて、お客さんの歓声や拍手を一身に受けるのは、もの凄い快感だった。同時に彼らが同じくらいの分量の重圧を背負っていたんだってことを、身をもって知った。

やっぱり僕も人間だ。ライブでボーカルのふたりに、ファンの視線が集中しているのを後ろで眺めながら、「いいなあ」なんて思っていたけど、歓声を浴びる彼らの内面までは考えたことがなかった。言葉ではうまく表現できない、彼らの感じる重過ぎる責任感や辛さを、少しは理解できるようになった気がして、ボーカルへの見方が変わった。

『劇団ＥＸＩＬＥ』で芝居の面白さの虜《とりこ》になった僕は、10代の自分を久しぶりに思い出した。初めてダンスを見て、踊って、無我夢中になった頃。「ダンス」というキーワードだけで、胸が高鳴ったものだ。そのワクワク感と同じものを、芝居に感じた。

それから、映画やドラマの役をいただくようになった。

ミュージカルと舞台での演技とはまたぜんぜん違うものだったし、映画とドラマとではまた求められるものが違う。だけど、僕にはどのタイプの芝居も面白かった。それは、自分が今まで経験したことのない世界だった。

２０１５年は、歴史上の人物の役までやらせていただいた。深井栄五《ふかいえいご》という明治生まれの銀行家の役だ。経済理論に最も通じた日銀総裁と評される人だ。それも、30代から60代まで。初めての老《ふ》け役にも挑戦した。

僕のどこを探しても、共通点のなさそうな人物で、この役をもらったときはさすがにおどろいた。でも、自分とまったく違う人物を演じるのは面白い。

脚本を読み込んで、この台詞はこう言おうと、自分なりのプランを組んで現場に行くのだけれど、相手役の人がそこをまったく違う解釈で読んでいることがある。台本には「ありがとう」と書かれていても、その「ありがとう」には１００の意味があるわけだから、そういうことはよく起きるのだ。ここは涙ぐみながら話すところだろうと解釈して、その練習をとことんしていったのに、相手の演技がぜんぜん違っていたとか。

でも、また、そういうところが芝居の面白さでもある。自分のプランを壊して、相手の反応に合わせて、こちらの表現も変えたりする。そういう面白さは、ちょっとダンスの感覚にも似ているなあと思う。

もうひとつ、ダンサーならではの話としては、監督さんに動きのキレが良過ぎると言われることがある。褒《ほ》めてるんじゃなくて、NGを出される。たとえば、誰かに呼ばれて後ろを振り返る演技で、僕はどうも無意識のうちに間を作ってしまうらしい。

「心の中でカウント取ってるんじゃない？」なんて言われる。本人には、まったくそんな意識はないのに。演技で間を取ってしまうのは、ダンサーのある種の職業病かもしれない。

そもそも『劇団EXILE』の舞台に出演したのは、MAKIDAIが受けていた演技指導のクラスに、興味本位で出席してみたのが始まりだ。自分が役者をやることになるなんて思ってもいなかった。

それが、いつの間にかダンスと同じくらい夢中になった。映画やドラマの役者は、声をかけてくださる方がいる限りチャレンジしていきたいと思っている。

もうひとつ楽しみがある。

前にも触れた劇団ＥＸＩＬＥ『松組』の立ち上げだ。

この『松組』で、新しい舞台を構築するつもりだ。

具体的には、おこがましいけれど宝塚や歌舞伎、劇団四季にも匹敵《ひってき》するような、新しい演劇のジャンルを作ろうと考えている。

芝居だけでも、ミュージカルでもない、ダンス・エンタテインメントの舞台。歌や音楽だけじゃなく、圧倒的なダンスを組み合わせる。

この舞台には、今後ＥＸＩＬＥやＥＸＩＬＥ ＴＲＩＢＥのメンバーはもちろん、いろんな分野から出演者を招くつもりだ。

実は『松組』の第一回公演が、２０１６年2月に予定されている。構想もかなりまとまってきている。題材は、昔話の『桃太郎』からヒントを得た。

ただし、鬼目線での。桃太郎に鬼ヶ島をメチャクチャにされた、鬼たちの復《ふく》讐戦《しゅうせん》の物語だ。

演劇というとちょっと難解なものが多いので、少なくとも最初の回は、誰もがわかりやすい題材にしたいということで選んだ。

演出上の最大の見せ場は、僕らの舞《ダンス》VS日本の殺陣《たて》だ。ダンスと殺陣をどう融合させるか。そこがこの舞台の見所になるはずだ。

というわけで、新しいジャンルで、ＥＸＩＬＥの活動の規模をさらに拡大するのが今後の僕のミッションだ。

これからもＥＸＩＬＥの進化を、見守っていただきたいと思っています。

10年後、20年後のＥＸＩＬＥにご期待を！

第5章

秘密

TRACK #15 〈座談会〉秘密

MATSU＝MAT ÜSA＝ÜSA MAKIDAI＝MKD

思い出話は、会社を設立した頃の話から始まった。

EXILEの結成からほどなくして、HIROは自分たちで会社を立ち上げる計画をメンバーにもちかけた。EXILEがこの先どうなるか、未知数だった時期であることを考えれば、それはかなり大胆な賭けだった。

彼らが設立した会社は『エグザイルエンタテイメント有限会社』。ダンサーであり、シンガーであるEXILEのメンバーは、もちろん経営の素人《しろうと》だ。会社の運営がうまくいくのかどうかなんて、誰にもわからなかった。それでも彼らは、EXILEという自分たちの運命を、自分たちの手で握ることに決めた。

夢をかなえる会社。

MAT　あれ、何年だったかな？　ほら、みんなで会社を立ち上げた年……。

MKD　『ｓｏｎｇ　ｆｏｒ　ｙｏｕ』をリリースした年だから……２００２年じゃない？　そうそう、２００２年の10月。

MAT　ということは、僕とＭＡＫＩＤＡＩが27歳で、ウッサンは1学年下だから26歳か。

ÜSA　細かいこと言うと、ボク早生まれだからまだ25歳だった（笑）。

MKD　みんな若かったねえ。20代で経営者か……。今考えると、すごい度胸。６人とも経営のことなんて何も知らなかったのに。ていうか、音楽とダンスのことしか知らなかったのに。

MAT　でも、ほら、ＭＡＫＩＤＡＩは経済学部出身だからさ。

MKD　いや実際、経営のことなんて、まったくわかんないよ。

ÜSA　ボクは張り切って、「株式会社とは」みたいな本買った（笑）。

MAT　それ、知っとかなきゃいけないとかって？

MKD　あのさ、あのときはまだ有限会社じゃなかった？

ÜSA　そうそう。有限会社と株式会社の違いも知らなかった。

MKD　それぞれ出資はしたけど、経営陣になるって意識はまったくなかったよね。

MAT　ＨｉｐＨｏｐダンサーが、会社経営なんて考えられないよね。ＥＸＩＬＥで精一杯だった。そんな経営とか、頭回らないもん。

ÜSA　だけど、あのとき会社の名刺作ったよね。

MKD　作った、作った。名刺作ってさ、メンバー同士で交換したよね。「わたくし、こういうものです」って。頭を下げて、ちゃんと両手で渡さなきゃいけないとか（笑）。

ÜSA　あれ、なんか嬉しかったな。名刺交換。

MAT　メンバー同士で、名刺交換（笑）。渡す相手が他にいないもんだから（笑）。

――ほとんどのアーティストは、芸能事務所などの会社に所属して活動してますよね。有名になって独立するケースはあるけれど、みなさんのようにデビューして間もない若いアーティストが自分たちで作った会社に所属するというのは、きわめてレアケースですよね。正直な話、会社を立ち上げるという話を聞いたとき、すぐに賛成できましたか？

ÜSA　あのときの選択肢としては、どこかの大きな事務所に入れていただくか。それとも、リスクはあるけど、やりたいことをやるために自分たちの事務所を作るか。その2つにひとつだったんです。だから迷いは、ボクは1ミリもなかった。「こっちだ！　自分たちの会社ができる」って、すごいワクワクしてました。

MKD　ウッサンそれで、株式会社の本を買ったんだ（笑）。

ÜSA　ワクワク感は、半端なかったから。

MAT　あはは。だけど、必死だったんだと思います。まだ駆け出しで、右も左もわからなくて。いい意味でも悪い意味でも、自分たちのやりたいことがたくさんあった。自分たちで事務所を作って、会社を起こせば、すべては自分たちの責任になる。だけど、その分だけ自分たちのやりたいことができる。リスクは背負わなきゃいけないけど、リスクを背負ってでも、自分たちのやりたいことを優先したかった。自分たちが、本当に表現したいものを表現できる環境を作りたかった。それで、自分たちの会社を作ったんです。ほんと、ウッサンじゃないけど、迷いはなかったな僕も。

MKD　大手事務所に所属して、経営もマネージメントもすべてプロフェッショナルにおまかせするというやり方も、もちろんあったわけですよね。だけど、やりたいと思ってたことをすべて実現するには、自分たちでやるしかなかった。やりたいことがたくさんあったから。ＨＩＲＯさんがよく、ぼくらの将来の計画を紙に書き出してたんです。計画というか、夢というか。たとえばドームツアーをやりたいとか、自分たちのテレビ番組を持ちたいとか。まだほとんどなんの実績もないぼくらの計画としては、普通に考えたら、いくらなんでもちょっと無茶でしょうという、もうほんとにでっかい夢みたいなものだったんだけど。

MAT J Soul Brothersの頃から僕らのことを応援してくださってたavex社長の松浦さんに、HIROさんがそのたくさんのやりたいことを話したときに、「それを全部やるには、もう自分たちで会社作るしかないんじゃないの？」って、背中を押していただいたんです。「男だったら、やってみろ」って。アーティストが独立して会社を作るのは、ほんとはすごく大変ですよね。だけど僕らの場合は、駆け出しだったから、逆にそれが比較的簡単にできた。あのタイミングだったから、自分たちの会社を作れたんだと思う。いや、もちろん、僕たちの力だけじゃなくて、レコード会社さんとか、周囲のほんとにいろんな方たちに応援していただいて、会社が設立できたわけですけど。

ÜSA ボクらが、その後、いろんなことにチャレンジできるようになったのも、あのときみんなで会社を作ったからだと思う。まあ、今だからそんなこと言えるんだけど。

MKD 考えてみればね。こういうことになるとは、思わなかったもんね。じゃあ、どういうことになると思ってたかというと、それもよくわからないんだけど。ただ、やるしかないって、思ってたのはよく憶えてる。

MAT うまく言葉にできないんだけど、根拠のない自信と言えばいいか、とにかく絶対うまくいくって信じてたよね。根拠なんて何もないんだけど。

——設立当時はお金の面でもだいぶ苦労したと聞いています。

MAT あの頃は、事務所に地下鉄で通ってたよね。

MKD 給料は新卒平均の半分もいかなかった。

MAT 自分たちの会社だもん、それは仕方ない（笑）。

ÜSA 会社を設立して、最初の仕事のお金が入らなかったよね。ボクらのライブをやったんだけど、主催者が倒産したとかで。

MAT あった、あった。

ÜSA えー、こんな嘘みたいな話があるんだって。社会の厳しさを学んだ。

MAT そういうときのＨＩＲＯさんって、なんかすごいよね。いちばん大変な目に遭ったと思うんだけど、笑ってたよね。その話、みんなにしたとき。

ÜSA まあ、どうしようもないよね。笑い話にするしか。相手がいなくなっちゃったんだから……。

MAT　HIROさんは、「EXILEのプロモーションにはなったから」って言ってた。

ÜSA　うん。確かに、お客さんには、見てもらえたから。

MAT　その割り切り方がすごいと思った。切り替えがすごく早い。

MKD　自分たちにできることを、全力でやってくしかなかったからなあ。

——会社を設立して、最初の仕事だったわけで、実際には笑い事ではすまなかったはずですよね。先行きが、不安になるということはなかったのでしょうか？

MKD　それは、なかったです、なぜか。なんでだろう？

MAT　若さじゃない？

ÜSA　バカさだ。

MKD　あはは（笑）。

MAT　自分たちが好きなことをやらせてもらってたんで、単純に楽しかったっていうのが、いちばん大きかったよね。苦労してるって感じはなかったよね、好きなことをやってるっていう幸せの方が大きかった。その後も、ずっとそうだったよね。どんな仕事をするにせよ。

ÜSA　うん。うん。

MAT　もしかしたら当時、いろいろ知ってたら、できなかったかもしれないよね。知らないから飛び込めたっていうのも、あるかもしれない。

ÜSA やっぱり若さかな。会社が倒産したら、みんなで肉体労働でもなんでもやって、働いてお金返せばいいって思ってたよ、あの頃。

MAT 駄目だったら、みんなでラーメン屋さんやろうって言ってたよね、あの頃。俺たちなら絶対に、行列のできるラーメン店を作れるとか（笑）。本職の方たちには、なめてんじゃないと言われると思うけど。

ÜSA ラーメン屋さんが「もし失敗したら、ダンスでもやろう」って言ってるのと同じだ（笑）。

MKD まあ、ラーメン店というのは喩えだよね。ぼくら、ラーメンが好きで、よく食べにいってたから。どういう仕事でも、その世界で成功するには、それぞれの大変さがあることはわかってる。だけど、自分たちなら、何か違うことを仕事としてやっても、なんとかやれるんじゃないかなっていう思いがあったんだよね。能力じゃなくて、自分たちのやる気に自信があった。

ÜSA うん、みんなで力を合わせれば、どんな困難でも乗り越えられるだろうっていうね。力を合わせることに、もの凄く自信があるっていうか。結束が強いよね。

MAT うん、それは今でもそうだよね。

みんなで力を合わせること。強い結束力があること。企業であろうと、プロ野球のチームであろうと、あるいは研究機関であろうと、あらゆる人間の集団はそれを必要としている。ロックバンドだってオーケストラだって、チームワークが大切なのは同じだ。けれど、必ずしもすべてのチームが、優れたチームワークを発揮できるわけではない。

――EXILEのメンバーが、そこに絶対の自信を持っているのはなぜでしょう？　EXILEの絆の強さは、どこから生まれていると思いますか？

MKD　ぼくたちは元々何もないところから出発したんですよね。ダンサーがアーティストとしてデビューするなんて考えられなかった。そんなフィールドは、存在してなかった。HIROさんからそういうことやらないかって誘われたときは、新天地を発見したみたいな気分だった。みんな同じだったと思う。ATSUSHIたちにとっても、それはシンガーとしての新しい挑戦だったわけです。だけど、その新天地は、ぼくらが失敗したら消えちゃうわけですよ。ひとつのグループが終わるだけの話じゃなく、ひとつの可能性が消滅してしまう。だから、みんななんとかこの場所を守ろうって必死だったし。そのためにはみんなが力を合わせてやってくしかない、それがみんなにとっていいことなんだって、誰もが肌で感じていたんじゃないかなあって思います。

ÜSA　なんとなくだけれど、共通点はリベンジというか……。みんな挫折したり、悔しい思いをしてるんですよね。ボクらダンサーは、「ダンサーなんて絶対無理だよ」って言われ続けてきたわけです。JSoul Brothers時代も、ぜんぜん売れなくて、「いつか見てろよ、絶対」っていう気持ちがあった。ATSUSHIたちも、それぞれに挫折を経験してEXILEになった。それが、みんなの結束を強くしているんだろうって、ボクは思ってます。EXILEの原型になったJSoul Brothersの立ち上げ自体が、ZOOが解散した後のHIROさんの挫折というか、悔しい思いから始まっているわけで。天国から地獄に落ちるみたいな経験をして、そのときに味わった悔しさ、「あのとき、もっとこうすればよかった」とか「こんなこととやりたかった」というHIROさんの強い思いが、ボクらをひとつにしてる。みんなそれぞれに、悔しさを抱えて生きてきたから。

MAT　HIROさんの話すことが胸に突き刺さるのは、HIROさんの話が全部自分の経験したことだからだよね。いろんなアドバイスにしても、HIROさん自身の過去の悔しかった経験とか、反省したことに基づいてるから説得力がある。すごく納得できるから、自分もそうしようって気になる。ああしろとか、こうしろみたいな言い方をＨＩＲＯさんはしない。

MKD　リベンジっていうと、なんかネガティブな感じがしちゃうかもしれないけど、ＨＩＲＯさんはそれをポジティブにひっくり返す技を教えてくれる。

MAT　うん。でも、ＥＸＩＬＥの絆とかって、僕は深く考えたことないなあ。

MKD　それはあんまり意識しないよね。ことさら仲良くしようとか、俺たちの絆を育てるんだみたいなことは……。

ÜSA　たぶん、そういうこと真面目に言ったら、真っ先に笑うのＨＩＲＯさんだよね？

MKD　ははは、たぶん。いや、友情とか絆を大事にしないってことじゃないんです。大事なのはわかってるけど、それはなんていうか、努力して仲良くなるとかいう話じゃない。その部分は特に意識しない、普通にやってます。自然にまかせるというか。

MAT　まあ、仲はいいけどね。プライベートでもよく付き合ってるし。

ÜSA　プライベートでもよく飲んでるじゃない？　単に酒好きなのか（笑）。

MKD　仲良くなるために、「一緒に遊びにいこうよ」とか、「ご飯食べにいこう」とか。そういうことを、わざわざ言う必要はないっていう関係ではあるよね。

ÜSA　あと、ずっと同じ苦労をわかち合ってきたっていうことも、大きいと思う。「あのライブ辛かったね」っていうひと言で、すぐに通じるもん。っていうのも、同じ体感というか、過ごした年月が、すごい濃かったから。それぞれがどこにいてもつながっていて、おたがいの存在が血になって、骨になっているって感覚はある。

MKD　戦友っていう言葉が適切かどうかわからないけど、元々なんにもなかったところに集まって、新しい土地を作ってきて、苦楽をともにしているから。なんていうんだろう……。今も自然に一緒にいるし、会って、じゃあ超長く話すかっていったら、そうじゃないときもあって、それが普通だし、普通にいられるってことが、いいなあって思います。

MAT　あとは、やっぱりＥＸＩＬＥをやらせてもらっていて、やっぱり僕らはＥＸＩＬＥが軸になっているんで……。大人になると、他人と同じものに共感し合えるとか、同じ夢を求めていけるってなかなか難しいと思うんですけれど、やっぱりそれができてるのが、すごい。すごいって、まあ、自分たちで言うのもおこがましいんですけれど（笑）。そこの思いだったりっていうのは、たぶん一緒なんでしょうね。

MKD　ＥＸＩＬＥって、たがいを活かし合おうという気持ちが、すごく強いんですよ。マッチャンが言ったように、ＥＸＩＬＥっていう軸は変わらないから、たとえば役者をやるとか、バラエティに出演させていただくとか、よそで違う仕事をしていても、何かここに持って帰ろうという意識がみんなどこかにあって。そこで得たものを、次のライブだったり、舞台だったり、何か自分たちの表現として活かせないかなあって思ってる。ある種、家族のような感覚。いいか、悪いかは別として。たとえば、誰かがミーティングとかでこういうことやりたいんだって発言すると、みんながどうやったらそれが形になるかなあって、自然に考え始める。いつもそのことだけ考えてるわけじゃないけど、何かのときに「あ、これ、あいつの役に立ちそうだな」って気づくと、それをすぐフィードバックするとか。みんなで協力していくということが、ごく自然な習慣として根づいているのかもしれない。

ＭＡＴ　それも全部、自然になんだよね。誰に言われなくても、自分からそうしてる。やらされてる感は、まったくないよね。

ＭＫＤ　ＨＩＲＯさんもそうだし、みんなを見ていても、どんどん感じたこと、思っていることをシェアしている。やろうと思ってもけっこう難しいことだけど。

ＭＡＴ　難しいけれど、それができたのは、ＥＸＩＬＥであること自体が、自分たちの生きる活力になっているところがあるからなのかなと思うんだよね。ブレそうになったり、不安になったりするときも、そこにＥＸＩＬＥという芯があるから、人が集まってきているし、強いグループになるのかなあと思いますね。

ÜSA　うーん。昔からね。

MAT　そうだね、Ｊ Ｓｏｕｌ Ｂｒｏｔｈｅｒｓの頃から、あんまり変わってないかもしれないね。

MKD　ＨＩＲＯさんが「ひとりで見る夢は、ひとりで完結する。みんなで見る夢は、大きくもなるし、力も増える」って、昔からよく言ってたよね。いつの間にか、その考え方が、ＥＸＩＬＥ全体の文化になってるんだと思う。自分の夢だけ実現すればそれでいいって考え方もある。ぼくも昔はそうだった。だけど、今はそう思わない。みんなと一緒に大きな夢を見て、それを実現していくことに生き甲斐を感じるし、まただからこそ、自分個人のやりたいことに夢中になれる。

ÜSA　ほんとにその通りだと思う。ＤＡＮＣＥ ＥＡＲＴＨなんて、ボクひとりだけだったら、とてもじゃないけどいつまでも実現できなかったと思う。

ＥＸＩＬＥはみんなの夢をかなえるための場所。

――ＥＸＩＬＥには、「ソロ会議」という

ものがあるそうですね。どういう会議なのか聞かせてください。

MAT　全体の方針を決める会議じゃなくて、個々のメンバーのための会議です。だから、個人会議ともいう。自分で何か新しいことをやりたいってことになったら、まずはＨＩＲＯさんと個人的に話をするんです。基本的に、「それは無理」って言われることはないですが「じゃ、わかった」となって、「その件は誰々と話を進めてみて」みたいな感じでＨＩＲＯさんが言ってくれて、今度は個々にそのスタッフさんと会議をする。どんなことをやりたいのかとか、そのためには何をしたらいいとか、アイデアを出し合ったりして、話を詰めていく。まあ、本当に簡単に言えばですが……。

MKD　それでだんだん方向性が見えてきたところで、ＨＩＲＯさんが総括して、その誰かのやりたいこと、たとえばですけど、新しいラップのチームを作りたいってことなら、そのチームのメンバーはどうするとか、具体的な方針が決まる。さらにそれを実現するために、じゃあ来年ライブをやろうとか、それはどこでどれくらいの規模でやるとか、どういう宣伝をするとか、いろんな具体的な要素について、関係するスタッフと個人会議を重ねていく。そのメンバーのやりたいことを実現するために、会社が動き始めるわけです。このシステムは、すごくうまくいってます。

ÜSA　他のグループのことはよくわからないけど、メンバーそれぞれのやりたいこと、個人プロジェクトが、ＥＸＩＬＥではかなりの高確率で実現されてるよね。

MAT　それぞれの個人プロジェクトが、結果的にＥＸＩＬＥの活動の幅を広げてるわけだし。すごく優れたシステムだと思う。

MKD　ＨＩＲＯさんが、普段のコミュニケーションの中でも、「ああ、この人は、こういうことやりたいんだな」ってことを、汲《く》み取ろうとしてるのをすごく感じる。

MAT　自分のやりたいことを、普段から周りに話してると、それだけでも実現の可能性は高くなる。さっきＭＡＫＩＤＡＩも言ったけれど、たとえば、僕がどこかでアフリカのいろんな地域のダンスに詳しい人と知り合ったとする。そしたら、まずこの話、ウッサンにしようと思う。「ウッサンのＤＡＮＣＥ ＥＡＲＴＨの役に立つかも」って。それと同じ話で、夢を共有すると、つながっていくのかなあって思う。

ÜSA　そうだね。その考え方って、チーム全体をポジティブに変えるよね。チームが自分の夢だけをかなえる場じゃなくて、みんなの夢をかなえる場所になってる。

MKD　メンバーそれぞれが、ＥＸＩＬＥとはまた別の活動をするようになったのは、ＥＸＩＬＥ第1章のときだったよね。ぼくとウッサンは、ＡＫＩＲＡたちも誘って、

RATHER UNIQUEっていうグループをやって……。

ÜSA うん、やったねえ。それからマッチャンは、アパレルブランドを立ち上げた。

MAT ATSUSHIは、ボーカルのソロやコーラスグループの活動を始めた。

MKD あれが、最初かな。HIROさんと話してるうちに、ソロ活動の話が出たんだよね。

MAT メンバーそれぞれの活動の幅を広げようっていう話から始まった。個人で何かやるにしても、「EXILEっていう看板を使った方が、うまくいくんじゃゃね?」と。

ÜSA 逆に、個々のメンバーの活動が、EXILE全体の存在感を増すことにもなる。個人プロジェクトっていう考え方が定着して、それが今のEXILE TRIBEにつながってる。

MAT 僕らの来年以降の活動も、その延長線上にあるわけだよね。第1章の頃からそれぞれ個人プロジェクトに取り組んできたからこそ、「パフォーマーを卒業したら、こういうことをやろうと思ってます」って具体的な話がすぐにできるわけで。しかも、それはEXILEの将来につながっている。まず自分たちが先陣を切っていくという感覚だよね。自分たちが表現して、開拓して、次のEXILEという形を作っていく。

——それは、みなさんの夢が、今もどんどん大きく膨らんでいるということでしょうか？

ÜSA 最初の頃はやっぱり、個人の夢どころの話じゃなかったですから。J Soul Brothersをなんとか世の中に認めてもらいたいっていう気持ちだけだった気がする。そういう意味では、たぶんみんな夢は同じ。もうとにかく「売れたい」と(笑)。

MAT 売れないと、何より自分たちのやりたいことができないからね。

MKD 振り返ると、売れなかったJ Soul Brothersからここまで、ほんとにいろんなことがありました。

MAT 軌道に乗るまでが、みなさんが思っているよりも、時間かかったんですよ。J Soul Brothersが2年間、ぜんぜん売れなかった。「なにくそ」って気持ちで頑張ったけど、やっぱり売れなくて……。

ÜSA リベンジしようぜっていう強い気持ちが、みんなをひとつにしたっていう部分はかなり大きいよね。

MAT EXILEが売れたからといって、それで完全にリベンジを果たせたかというと、そうでもないわけで。

MKD リベンジっていうのは、売れる、売れないっていうだけの話じゃないから。

ぼくらの場合は、特にそれが強かったんじゃない？　自分たちの表現を理解してもらいたいという気持ちが、すごく強かった。自分たちがいいなと思ってトライしたJＳｏｕｌ Ｂｒｏｔｈｅｒｓの踊りと歌。それをチームとして出していったわけだけど、なかなか理解されなかった。それが、すごく印象に残ってる。

MAT　当時は、今みたいにダンスがこんなにメジャーになってなかったからね。

MKD　そこを理解してもらいたいって思ってた。音楽と歌に、ダンスが加わることで、こんなに表現は豊かになるということを。自分たちのやろうとしていることが、わかってもらえない状況を変えていきたい。それがぼくらの原動力というか、エネルギーになってた。

MAT　ライブとかでもお客さんたちがダンサーをほとんど見てないって感じが、ＥＸＩＬＥがかなり知られるようになっても、けっこう続いたよね。もちろん、中にはダンスのコアなファンの人たちもいたけど。でも、その割合はすごく低くてさ。ＥＸＩＬＥは知っていても、名前はボーカルふたりしか知らないみたいな。「握手お願いしまーす」ってファンの人に声をかけられて、「ハイ」って待ってたんだけど、自分のところには来なかったってことも、あったなあ（笑）。

ÜSA　うん。よくあった（笑）。けっこう、コタえるよね、あれ。
MKD ボーカルのふたりが人気者になるのは、ぼくたちとしてもすごく嬉しいんだけど……。
MAT 顔は平静を装っていても、辛いときあったよね。
ÜSA 人間だもの（笑）。
MAT HIROさんでさえ、そういうことあったって。「出待ち」をしてくれてたファンの女性が、HIROさんが出てきたのを見て、ちょっと残念そうな顔したんだって。思わず「ATSUSHIじゃなくてごめんね」って、言ってしまったって（笑）。
MKD ライブで、ファンの方たちから「タカヒロー」って声援がかかるでしょ。そんとき、頭の中で最初の「タカ」だけ消して、「ヒロー」ってとこだけ聞いて、ちょっといい気持ちになるとか言ってたことあったね。いやあくまで冗談だとは思うけど、盛り上げも含めて。
ÜSA わっはっは（笑）。
MAT それ、わかる。
MKD ボーカルにどうしても注目は集まるものだから。
MAT 今でこそ、ダンサーもスポットライトを浴びるようになったけど。この環境、昔から考えたら、ほとんど別次元だよね。信じられない。パフォーマーの人気が、今や、もう、すごいわけじゃないですか⁉ 三代目とか、GENERATIONSとか

Ｅ－ｇｉｒｌｓとかも、みんなパフォーマーの子も人気あるわけじゃない？

ÜSA　時代は変わったよね。ほんとに変わった。

MKD　ウッサンなんて、教育の世界まで進出したし。

ÜSA　進出って、ちょっと（笑）。

MKD　今って、ぼくらがダンスを始めた頃と違って、踊れる人も増えてきているし、歌が上手い人も多いですよね。ダンス人口が増えたという状況のおかげで、やりやすくなっていることもすごく多くなってきている。

ÜSA　中学の授業でＨｉｐＨｏｐを習うなんて、昔だったらもうあり得なかったのに……。

MKD　ほんとに、あり得ないよね。

MAT　僕たち、三つ編みとか髪をドレッドにして、ただの不良だろうって感じだった。やっぱり時代とともに、踊っていた世代が大人になって、お父さん、お母さんになって、自分の分身である子どもたちに、継承《けいしょう》しているわけですよね。それが今の時代なんだなあと思いますね。ダンスが認められることが多くなった分、ダンス人口も多くなって、レベルも上がってきている。

MKD　ただの不良が踊っているだけで終わらなかったのは、エネルギーの持っている生き方だよね。ニューヨークのハーレムでも、持っているパワーを、ＨｉｐＨｏｐっていうラップやダンスを踊ることで、自分たちの表現に変えていた。そこにパワーが集まって盛り上がって、音楽のシーンも盛り上がるし、なんだろうな、カルチャーとしても盛り上がっていった。若いときってエネルギーに満ちあふれてるけど、やっぱりそれをどこに向けたらいいかって、難しいところもあるじゃない。でも、ぼくは、ダンスというものと出合えたから、そこにエネルギーや熱意を注ぎ込みやすかった。「このダンス、よくない？　ヤバくない？」「これやったら、ショータイム盛り上がるんじゃない？」っていう気持ちを表現として語っていけたような気がする。

MAT　うん。

MKD　その上で、ＨＩＲＯさんは一度、ＺＯＯとして、デビュー、解散を経験して、自分たちよりも早く、社会的にも大人になっていた。いろいろと思うことがあって、ＨＩＲＯさんは、ぼくらにたくさんのことを教えてくれたんだと思う。

ÜSA　それは、大きかったよね。

MAT　ＨＩＲＯさんがいてくれたことが、本当に人生の分かれ道じゃないですけれど。もしＨＩＲＯさんがいなくて、同じような年齢でこれだったら、ぜんぜん違うと思うんですよね。

MKD　さっきのソロプロジェクトとかも、早い段階でトライできたっていうのは、ＨＩＲＯさんがこういう世界でチャンスを掴めるのは、本当に奇跡的っていってもいいくらいラッキーなことだから、今のうちにいろんなことをやったらいいいんじゃないのっていうのもあった。

MAT その判断も本当に大きい。

ÜSA だって、もうそれがなかったら、今頃勘違いいっす。

MAT 勘違いしそうになっている頃に、HIROさんから感謝の気持ちを教えてもらったっていうのは大きいね。

MKD 多くのスタッフの方が協力してくれたから成り立つ仕事だし、普通にステージに立てていることは、普通じゃないっていうことをね。

MAT 人気が出てくると、あたかも偉くなった気がするけれど、偉いわけじゃないし、そういうのは、やっぱり知らないと勘違いしちゃう。そこを、「そうじゃないんだよ」って、常々教えてくれたのがHIROさんだった。

エンターテイナーの魂。

――HIROさんやみなさんが、DREAMS COME TRUEの後ろで踊ったとき、吉田美和さんの「お客さんのためにやるんだよ」という、エンターテイナー魂みたいなものにすごく心打たれたというエピソードがありましたが、それが、EXIL

Eの中ですごく刷り込まれている気がします。

ÜSA　うん、そうですね。

MAT　社会貢献活動が意外だと思われていたみたいだけれど、たぶん、普通のことをやっていただけなんですよ。だけど、見た目ワルそうな感じの人がやるから、意外に見えたんでしょうね。逆に今は、EXILEも、売れている若い子たちも、調子いいように見られちゃうんで、逆にもっと丁寧にいこうって。E-girlsの子たちは、社内にあるジムで、トレーニングのとき「すみませーん、お水いただきまーす」って必ず言ってから水を取っている。無言で取るより、ひと言添えて取った方が気持ちいいと思うんですよ。だから当たり前のことを、ちゃんとできるのも大事だなと。

――日本のHipHopスタイルとして、礼儀正しさとか、前向きさとか、子どもたちがすごく明るいっていうのはきっと、EXILEの功績ですよね。HIROさんがZOOの解散後、経験した失意を、みんなに伝え、それがみんなの精神になった。

MAT　はい、ある意味、それはあるかもしれないですよね。

MKD　NHKの教育テレビでHipHopのダンス教室が流れる時代だもん。

ÜSA 昔だったら、あり得ないです。

MKD だけど、『Eダンスアカデミー』は、楽しそうで、すごくいいよね。

ÜSA ありがと（笑）。

MAT アメリカのHipHopの文化をまあ、真似っこから入ったかもしれないですけれども、それを日本人として表現すると、こうだよっていうことだよね。

ÜSA そう、ギャングスタ・ラップ聞いてても、別にボクらギャングじゃないし、その必要もないわけですから。

MAT うん。

MKD HipHopの表現や世界観っていうことだけで。それこそNHK BSでJ Soul Brothersのときも『クラブサンセット』っていう番組のアプローチは、ぼくらがっていうか、すでにあったしね。たまたま、ほんとにいろんなことが重なった結果なんだろうね。

ÜSA 黒人に憧れて、日焼けサロンで黒く焼いたりもしたけれど（笑）。

MAT 当時はね（笑）。BABY NAILの頃は、アンダーグラウンドでとんがってたよね。

MKD BABY NAILで踊っていたときから、社会貢献をしたいと思っていたわけじゃなくて、自然と気持ちの段階が切り替わっていった気がする。「デビューしたい」と思っていて、デビューできたときに、「じゃあ、どうしたら、もっといいシヨーができるか」を考えた。それこそ、「会社を作ったら、もっといろんなことできるかもね」「会社になったら、それぞれがプロジェクトやって協力しよう」と。結局、多くの人に協力してもらっているから、普段からの態度や感謝の気持ちが大事だよね、と気づいていった。

ÜSA アメリカの怖そうなラッパーとかも(笑)、母ちゃんの言うことは聞くとか、ね。HIROさんに、自分たちが、いい車に乗って遊びまくる前に、親に幸せな最高の人生だったと思わせてから、遊んだ方がいいよ、って言われたことがある。その言葉に、ハッとしましたね。そういう身近なところへの感謝から、今度は、子どもたちのためにとか、そういうことにつながっていったような気はしますね。

MAT この前、将来の夢ランキングか何かで「ダンサー」が4位くらいに入ってた。

ÜSA そう、幼稚園児のランキングでも、入っていたのを見た。

MAT もう、びっくりだよね。「わあー、ここまで、こうなっているんだ」っていうのは、おどろきです(笑)。だからこそ、必修科目に入っていたりとか、やっぱり子どもたちも、真似して踊るような環境になって。ダンスっていう言葉自体が、一般に広がってるもんね。

ÜSA ダンスって、ほんとにいいと思う。ダンサーのボクらが言っても、あんまり説得力ないかもしれないけど（笑）。でも、ダンスに夢中になってるとさ、音楽とカラダを動かすことで解放されて、その瞬間って絶対悪いことって思いつかないし。

MKD　学校の科目になると、得意、不得意が、もしかしたらあるかもしれない。でも、ダンスって、上手いとか下手だけじゃないんだよね。基本的に自分のものだし、カラダを動かして、自分で世界を楽しむことができる。スポーツ的な角度から見ても、すごく健全なカラダの使い方だよね。

ÜSA　まず、自分が楽しいことが、ダンスではいちばん大切だってことを、子どもたちには知ってもらいたいと思う。下手だって、なんだって、ダンスは楽しい。その前提の上で、新しいステップを覚えると、もっと楽しくなるよってことを、子どもたちに教える。自分ができなかったステップができるようになったときって、すごく感動するし、楽しいじゃん。こうすればできるんだっていう経験がどんどんできて、それが成功体験になっていく。一般的なスポーツと違うのは、そこに勝ち負けはないってことだよね。自分ができるようになったかどうかの問題。それが、ダンスのいいところじゃないかな。

MKD　なんか、マッチャンとかウッサンのソロダンスを見て、絶対自分には真似できないって、やっぱり思う。技術的に上手いのは、もちろんなんだけれど……。なんていえばいいんだろう、単純に、どうやっても自分には真似ができないと思う。それはマッチャンのダンス、ウッサンのダンスだから。

ÜSA　ダンスは個性そのものだから、おたがいにそう思ってるよね。

MKD　もちろんダンスを合わせることもあるんだけど、その人から発するスタイルみたいなものが出てくるんですよね。

ÜSA　ダンスを合わせることで、協調性や、コミュニケーション能力、絆ができるという経験にもなるしね。

MAT　サッカーや野球も、チーム力を学びますよね。ダンスも同じで、同じ振りつけを踊ることによって、同じ喜びを共有できる。チームで踊ることで、チーム力やその魅力を学ぶんじゃないですか。だからこそ、ダンスがやっぱりこれだけ広がったんでしょうね。

MKD　ぼくらはフォーメーションのように、見せる場所、ステージによって、陣形をけっこう変えたりするんです。今のこのメンバーだと、誰がここに行くかとか、どこでバランスよく入れ替わったりするかとか、みんなで本能的に繰り返しやってきてるから、踊りながら、意外にすんなりとできる。普段、会ってなくても通じ合えている感じがある。

MAT　大人数で合わせるのって嬉しいよね。競技場でのウエーブもそうだけど、みんながやると、うぉおおおおーってなるわけじゃないですか。

一同　なる、なる！

MAT　ひとつになる。やっぱ、あれって、みんなで同じひとつのものを、求めているからなんでしょうね。ダンスもそれに通じるものがある。

ÜSA　ダンスって、みんなをハッピーにする。みんながハッピーになればなるほど、自分もみんなももっとハッピーになるっていう。

MKD　サッカーや野球とはまた違うかもしれないけど、ダンスもみんなで合わせて踊っているときは、全身一体《ぜんみいったい》というか。EXILEがひとつになって、表現できている瞬間。ソロダンスは、それぞれが踊っているけれども、やっぱり必死で踊っているマッチャンの姿見て、こっちもパワーをもらったり。じゃあ、自分のソロのときも、一所懸命踊って、誰かにつなげようという、ソロダンスなんだけど、つないでいく感じがある。それがまた世代間でつないでいっているという捉《とら》え方ですね。

ÜSA　みんなでつないでいくことが大事だから、他の人のパワーが自分のエネルギーにもなる。

MKD　人数もどんどん増えていって。3人だったのが、ダンサーが増えて、ボーカルがふたりになって、そこからはもうどんどん、増えていったよね。

MAT　ダンサーだから増やせたんだよね。いくら何でも、ボーカルを30人とかに増やすわけにいかないもの。

一同　あはは（笑）。

MKD　ライブでも思うんですけれども、やっぱりマッチャンが「こういうアイデアどう?」って言ったときに、みんなで考えてますし、みんなでフォーメーションも作っていったり、みんなが一体になってるっていったり……っていうのを感じる。人数が増えたからこそ、広いところでできる表現もあるし、ベストの人数なんて、それこそわからないじゃないですか。それぞれの特性や見せ方によっても、変わるかもしれないですし。でも、それをみんなで考えるＥＸＩＬＥである限りは、人数の問題じゃなく、表現の幅が広がるというプラスの面が強いんだろうなあって思うよね。

ÜSA　特性って、ＭＡＫＩＤＡＩならＭＡＫＩＤＡＩにしかできないものがあって、それぞれの自己表現をしつつ、合わせるところは、合わせて、人とつながるところもある。全体のムードは似ているけれど、個々には違うという、まさにグループ。

HIROさんの姿勢。

MAT　ＨＩＲＯさんは、人を喜ばせるのが好きだよね。もう自然にやってるのかもしれないけれど、そういうことをずっと考えてる。

MKD　特にライブのとき、どうやったら盛り上がるかな、こっちの方がいいかなって、常に考えているんです。その発想の根源は、HIROさん。「イエーイになるね」ってぼくたちは言ってるんだけれど、どうやったら盛り上がるかなってよく考えますね。

MAT　改めて聞くと、独特の言い方だよね（笑）。

MKD　「イエーイ」ってなる。盛り上がること。イエーイ！

一同　わっはっはっは（笑）。

MKD　言ってて、すごい恥ずかしいんですけれども（照笑）。たとえばライブで、この音のタイミングで、ポップアップしようとか。普通に出るより、この位置からポーンと出た方が、「ああ、それ、イエーイになる」（笑）。

一同　わっはっはっは（笑）。

MKD　……って、よく言うよね？（笑）盛り上がるね、みたいな発想を。HIROさんは、普段からご飯にいくときでも、誰かの誕生日にも、どうやったら盛り上がるかなって、常に考えてますね。

MAT　武道館ライブでHIROさんのお母さんが登場して、見ていたメンバーがみんな号泣してしまった（笑）。あれって結局、サプライズ受けた人もそうですし、仕掛けた自分たちも、喜んでくれているっていう喜びがあって、それ自体がひとつのエンタテインメントになっちゃう。

MKD あの頃って、両親に、生んでくれてありがとうー！ って、感謝の気持ちに気づいた頃だよね。

MAT グループの中で、当時のちょっとしたブームになっていたかもしれないね。年齢的なものなのかな。

MKD わざわざ舞台の上で、言葉を言わなくても、恥ずかしいから、心の中で思ってればいいじゃん、っていうこともあるかもしれないですけれども。

MAT いや、親に面と向かって言うなんて、とても恥ずかしくて、言えなかった。

MKD 逆に当時だからこそ、親孝行ブームが……。いや、親孝行をブームだなんて言ったら怒られるけど。

ÜSA ボクも、お金を渡して、親孝行っぽいことができたのは、その頃だった。関心を向ける先が、自分ばっかりだとエネルギーが自分のところで固まって、たまっちゃうから、それをどんどん分けていくっていう考え方だね。向ける先は、どんどん広くなっていると思いますね。

MKD やっぱり親って、すごくありがたい存在だなあと思います。親がライブを見に来てくれたり、何か自分がイベントなどやるときに来てくれることだけでも嬉しいですし。自分たちの仕事や、頑張ってる姿を見てもらえたり、応援してくれるだけでも、ありがたいじゃないですか。ライブに、ウッサンのご家族も来ていて、パッと目が合ったときは、不思議なもので、ぼくも嬉しくなっちゃう。なんだろうね、あの感覚（笑）。

ÜSA　そうね（笑）。

社長としてのHIROさん。

MKD　チームが大勢になると、どうでもいい話をする時間が、だんだんなくなってくるじゃないですか。それこそ社長としてのHIROさんであったり、リーダーとしてのHIROさんであったり、チームメイトとしてのHIROさんであったりとか、それぞれに役割があると、なかなかそういう話もできない。

MAT　ご飯のときは、いきなりフランクになったり、HIROさん自身が、その場に応じて顔を使いわけてるのかなという気はしますね。

MKD　ミーティングのときの顔は、社長だもんね。

MAT　無意識なのかもしれないですけど、外に出るときは、社長だなと感じます。もちろん会社の代表という責任を持って、やってるんだろうな、ってときと、昔のグループのときのHIROさんだよね、ってときもありますし、場によってぜんぜん違うかもしれないですね。

ÜSA　後輩たちが増えていくと、昔のまんま冗談ばかり話しているとさすがにええっ⁉と思われるからね。後輩もちょっと勘ぐっちゃうよね。

一同　わっはっはっは（笑）。

MKD　ぼくらだったら、その話の中に、案外どこかにヒントがあったりするのかもしれないって思うときもあるけれども、それを真に受けて、「EXILEってそんな話しかしないの？」なんて、思われる可能性もあるじゃないですか（笑）。

MAT　やっぱりバランスなんでしょうね。一般社会でも、同い年とは、フランクに話すけど、たとえば部下がいると、またちょっと感じも違うし、さらにその部下がいると、もっと雰囲気も違うし、という。さらに外部の人がいると、より外向きの顔になりますよね。バランスがその場によって、変わっていくんでしょうね。

ÜSA　うん、でも核のところは失っていない。

MAT　うん。

MAT　これからの展開として、僕がやりたいのは、劇団EXILE『松組』のカラーを、一から自分で作りたいなと思って、今考えています。僕の表現は、MAKIDAIとウッサンとはまた違うことなんで、やっぱそこは、模索《もさく》しながらなんですけれども。たとえば、外部から出演者を取り入れて、もちろんメンバーからの協力は、絶対必要になってくると思うんですが、最初からメンバーに頼るのではなく、今までとは違うものに挑戦したいなと思っています。そういう話は、ＨＩＲＯさんともしましたね。基本的には、それぞれのプロジェクトに関しては、それぞれにまかせて、それにどう協力をしていくかという、全体のアドバイザー的な立場で、ＨＩＲＯさんは見守ってくれている。

MKD うん。

MAT そう。失敗を経験することによって、またそこで学ぶこともある。自分で考えて、決めていくことによって、自分自身の経験にもなる。そういうことも全部含めて、いろいろアドバイスしてくれているんだろうなって、感じます。もちろん近道して成功すれば、それがいいんだけれども、ある意味、失敗も成功への道。予算も、ホールの大きさ、公演数でだいたい決まるから、その中で、自分たちでやらせていただくという。

ÜSA 赤字かどうかは、お客さんの入り具合を見ればわかる。

MAT そうね、最初のうちは、赤字覚悟のことが多いね。満員御礼でお客さんが入っても、赤字のときってあるわけです。

ÜSA 演出にお金かければ、赤字になる。

MAT うん。そこをプロデュースしていくのも自分の責任。もちろん後々まで、運営していかなきゃいけないから、今、赤字になったとしても、いつか絶対、返していかなきゃ、という意気込みで。

MKD 会社としてのプロジェクトだから、黒字にしていかないとね。

MAT HIROさんは、予算管理も含めて、ちゃんと自分で選んでください、っていうスタンス。決して突き放すんじゃなくて「そういうの、学んだ方がいいんじゃない?」っていう。自分の経験なりが、積み重なって、自分自身できちんと選んでいけるようになるのかな、と思いますね。

ÜSA たぶん、HIROさんはボクらのことをすごく見てくれていると思うんです。

MAT 見てくれた上で、たとえば「今、マッチャンに足りないものは、こういうものだと思うんだよね」というアドバイスをくれる。その安心感ってありますね。この環境でやらせていただけるということ自体、十分に安心できる。チャレンジできる環境っていうのは、すごくありがたいことなんです。さらに「もう、やりたいこと、とにかくやってみな。そこで、一回勝負してみなよ」っていう大きな器がある。

MKD けっこうたくさんのアドバイスをしても、HIROさんは、最終的に「まあ、まかせるよ」ということが、意外とある。

MAT 昔は、余裕がなくて、「今はやりたいことをやるの、ちょっと待ってて」という時期があったよね。今は、たぶんＨＩＲＯさんも、それくらいの自信があるのかなと。たとえば、もし経営が傾いている会社だったら、こんなこと言えないわけですから。ＨＩＲＯさんも、メンバーがやりたいことを好きにやらせたいと思いながら、そう言えない辛い時期は、僕たちを励ましながら過ごしていた。

ÜSA　話す内容だけじゃなくて、なんといっても人間性を信頼していたね。

MKD　だって、最初何もないところから、ダンスでデビューして、こういうところに入れてもらったわけだから。だから、マッチャンの言うように、その最初の信頼があるから、あとはどうやったらうまくいくか、考えてやるだけみたいな。ＨＩＲＯさんもいろいろなことをやっていて大変だと思うので、どうやったら力になれるかな、と自分なりに考えて、プラスになるような存在になっていきたいですね。

卒業後の話。

MAT　いよいよ、卒業まであと３ヶ月。でも、実感はないですね。

MKD　ないですね。

MAT　それぞれのやりたいことを広げていって、これからもＥＸＩＬＥとして関わっていきたいと思っている。ＭＡＫＩＤＡ

Iのこれからは？

MKD そうね。自分はPKCZ®っていうグループとしても、DJをやらせていただいているので、EXILE TRIBEにとって、発信、発表できる環境を作っていきたいなと思っていますね。たとえば、EXILEの新メンバーの中には、ダンスだけじゃなくて、いろいろなことにトライしたいチームもいる。イベントをやって、踊れる場所や新曲を披露する場所を提供したり、テレビに出ないとしても、ライブで発表、発信できる空間を作っていきたい。たとえば、日本だけじゃなくて、どこか海外に行ったときでも、そこから発信したり、違う角度から盛り上げることができるといいなあと。たとえば、若い子が踊るチームの発信の場所になるっていう、新しい要素がそこにあってもいいし、EXILE全体の発信の場、創造の場としての拠点作りをしていきたいですね。

MAT ウッサンは？

ÜSA ボクは、もう「踊りたい！」っていうココロの真ん中の声があるから、自分をここまで連れてきてくれたダンスの力を、よりいろんなことに活かしていきたい。そうすることによって、パフォーマーの生き方っていうのを、人生で示していきたいなって思いますね。ダンスを広めていきたい。

MKD マッチャンは？

MAT 僕は、今のこの挑戦自体が、将来的なEXILEの形になっていくと思っている。どうやって関わっていくかというより、EXILE自体が決まった形を持たずに、進化していく。EXILEという歌って踊るグループが、もちろん軸にあって、みんながそういうEXILEとしての名を持った上に、クリエイティブ集団みたいな感じで、それぞれのグループがどんどん、どんどんでかくなっていくのかな、とは思っています。僕の場合なら、劇団EXILE松組自体が、EXILEになっていく、EXILEとして表現する。そうやって広がっていくことによって、EXILEを大きくしていくのかなあと思っています。

MKD うん、言い方が変かもしれないけれども、EXILEはトランスフォームしていく生きものだなと思うね。EXILEは、今までボーカルが替わったり、新しいメンバーが増えてきた。体制も変わるし、人も替わったりしても、EXILEの基本の表現として歌とダンスがある。マッチャンが言ったクリエイティブな集団として、その都度「今度のライブ、こういうのができたら面白いね」「でも、今回は、こういうメンバーでやる上で、どうしたらいいかな」っていうのを作ってきている。そこには、自分だけじゃない、メンバーそれぞれの発想や、携わってくださる方々の大変な協力があって、実現している。世界のどこに行っても、同じ状況で絶対安全っていう保証なんて、ぼくはないと思ってる。だからゼロから作っていける、体現してこれているという柔軟性が、ＥＸＩＬＥなのかなって思いますよね。状況が変わっても、変わらない芯があって、アイデアを出し合って、一所懸命頑張っていくことで、また新たなＥＸＩＬＥが常に更新されていく。今までもそうだったように、この先もね。

MAT　形を変えてどんどん変化してきたよね。これからも変わっていく。

MKD　もちろん、先はわからないから、不安がゼロかっていったら、そんなことはないけれども、今までもそうだったように、決めたら、ただもう全力でやるのみ、っていう考え方だね。状況が変わっても、どうやったらＥＸＩＬＥにプラスになるかと考え、自分にできるベストをやっていくっていうことは、変わらないところ。

ÜSA　そういう意味では、ほんとＥＸＩＬＥは、放浪者っていう名のごとく。今までも道なき道で夢を求めて、旅を進めてきて、その経験がすべて音楽となり、踊りとなり、舞台という実になった。表現方法は、いろいろと変わってきているけれど、これからもその未知なる夢、誰も行ったことのない、辿りついたことのないところに、ＥＸＩＬＥは向かっていると思う。ひとりひとりの人生なんだけれど、放浪者としてともに夢を追い続けていくっていうスタイルがＥＸＩＬＥだったし、これからもそうなんだろうなって。それぞれが放浪者でありながら、それ自体がEXILEとなっていく、まさに開拓者なのかなって。

MAT　モグラのようにね。チキチキチキチキチキチキーって。

ÜSA　モグラ！（笑）あはは（笑）。こっちにモグラが来た。

MAT　真っ暗なところを手探りで穴を掘って、トンネル作っているようなものだよね。チキチキチキチキチキチキー。ここを掘ったら、あ、つながっちゃう（笑）。

MKD　あ、ここには、トンネルがなかった。

MAT　あ、ぶつかったー、って（笑）。

ÜSA　こっちの道じゃない、違う、違う、って（笑）。EXILEができ上がっているものだと思っている人も、もしかしたらいるかもしれないけれど、そうじゃない。模索して、道なき道を常に開拓しようとしている。

MAT　誰もがそうだと思うけれど、予定されたものなんて、何もない。失敗から学ぶし、出会いや別れから学ぶことも多い。人との出会いで、またぜんぜん変わるし、人との別れでも変わる。新しいことが始まるときは、もちろん不安もあるけれど。

MKD　そうだね。どうなるのか想像がつかないと、最初は不安になるじゃないですか。でも、「こうしよう」って方向が決まったときに、どうやったらそれができるようになるか、みんなそれぞれ、一所懸命に動くという習性が、根づいていると思う。

ゴール地点にくさびを打ち込むこと。

ÜSA　ＨＩＲＯさんの目標設定の仕方は、大胆。ゴール地点に、いきなりくさびを打つやり方。オーディションやって、こういう人が見つかって、と仮定して、さあ、どういうふうに新しいＥＸＩＬＥを作っていくかっていうのは、みんながそこから考える（笑）。

MAT　そう（笑）。「オーディション、それ、すごそう！」みたいな。「すごそう！でも、オーディションで見つからなかったら、どうしよう⁉」みたいな。

MKD　それもあるんすよね（笑）。

MAT　目指すところをドーンと、ちゃんと置いてくれるんですね。

ÜSA　あとはそれぞれが努力していく。

MAT　目標に向かって、自分たちで動いていけるから、僕にとってＥＸＩＬＥとは、情熱を注げる存在、熱狂させてくれるような存在ですね。目標や夢を持って、そこに向かって、活力を常に持たせてくれる。夢や愛、幸せを教わることもあるし、心のどこかには、いつもＥＸＩＬＥがある。隣にもＥＸＩＬＥがいますし、頭の片隅にも、常にＥＸＩＬＥがいる……みたいな。

ÜSA　振り返ると、いろんなことが詰まっていたよね。
MKD　J Soul Brothersデビューが1999年だから早16年。
MAT　17年目ってことですね。過ぎちゃうと、あっという間だね（笑）。
ÜSA　そうだねえ。自分の16年とか振り返ってみたら、あっという間だけれど。デビュー当時、小学生だった子が、大人になっていて「小学生のとき、見てましたー」とか言ってくるわけだから（笑）。
MAT　その小学生がお父さん、お母さんになっていることだってあるわけだし。
ÜSA　ほんと、そう考えると、すげー、びっくりする（笑）。
MKD　メンバーの最年少の子は、4歳だったとか、そういうことですからね。
MAT　そう。今年、二十歳になった（佐藤）大樹は、『モンスター』（EXILE LIVE TOUR 2009 〝THE MONSTER〟）のライブを、中学生のときに見て、そこからEXILEに憧れて、ダンスを始めたんですよね。
MKD　今やメンバーの一員。
MAT　TAKAHIROもそうだもんね。
MKD　そっかー。EXILEってそういう面白さがあるね。子どもたちの夢をかなえるところにもなりつつある。
MAT　HIROさんが冗談半分で、「EXILEは定年制だから」ってね（笑）。

それでってわけじゃないけれど、パフォーマーとしての卒業は、3年くらい前から意識し始めていました。

ÜSA そうそう、最初、定年35歳とかって言ってたよね（笑）。

MAT 「俺、40歳ぐらいでやめるかな」ってけっこうHIROさんが昔から言っていた。だけど44歳までやってたのかな。裏を返せば、それは、HIROさんの優しさなんだと思うんですよね。どこまで自分の将来像を、想像させるかみたいな（笑）。冗談半分で言っていながらも、まあ、どこかにリアルがありつつ……。やっぱり、いきなり、ボーンって電撃発表は、ショックだったりもするわけじゃないですか。頭でわかっていても、HIROさんがやめたときに、「ハッ」って思うことがたびたびありましたね。実感がないのに、本当に、そのときが来たんだっていう現場を見せられる。

MKD リアルな現実が迫ってくるっていうか、ね。

MAT そう。着替えひとつにしても、HIROさんがいなくなってからの初めてのテレビ出演のときとか。リハーサルでは、楽屋にリハーサル着が並んでいるんですけれど、HIROさんの分がない。

ÜSA え？　なんでないの？　って思っちゃう。

MAT そうそう。「あれ、リハ着がない、

ＨＩＲＯさんの」。いつもＨＩＲＯさん、僕、ウッサン、ＭＡＫＩＤＡＩって順に並んでかけられているんですけれども、ここにＨＩＲＯさんの分がなくなっているから、一瞬「えっ⁉」ってなるわけです。

MKD　うん。

MAT　リハーサルをやっていても、たとえば、右に行くのか、左に行くのかなんて、どっちでもよかったりするときも、今まではＨＩＲＯさんがひと言「それ、やっぱ、右行こうか」「あ、じゃあ、そうしましょう」って、自然と先導してくれていたわけです。ＨＩＲＯさんっていう大黒柱がいなくなって、「どうする？　どうする？　右行く？　左行く？」って、リハのときでも細かいひとつひとつに考えさせられるというか、「ハッ」としましたね。「あ、ＨＩＲＯさん、これを自然にやってたんだ」みたいな。

ÜSA　最初っからリーダーだったもんね。

MAT　やっぱり初めは慣れなくて戸惑いましたね。これも経験というか少しずつ、学ばせてもらいました。あのときしたことは、こういうことか、とか、気づかなかったことに、気づかされるというか。だから今でも、「なるほどなあ」と思うことがありますね。現実的に、「ＥＸＩＬＥからほんとに卒業するメンバーが出たんだ」っていうリアルなおどろきと、自分のこととして考えるきっかけにもなった。

MKD　HIROさんが言ってたけど、「俺が今まで年寄り枠を、ひとりで引き受けてきたから（笑）、俺が抜けちゃったら、この3人に行くんだよ。そうしたら、俺の気持ちがわかるだろう」って（笑）。

MAT　学びになりましたねえ。

ÜSA　もう、一気に来たもんね。

MAT　引き潮みたいに（笑）。

MKD　本当に改めてHIROさんの偉大さにも気づかされますし、ぼくら3人だけじゃなくて、EXILEメンバー全員が協力して、すごいスピードで順応しながら、ステージを作っているっていうのを感じますね。新しいメンバーもその空気を吸収してくれているのを感じる。HIROさんの卒業までの時間は、そのための時間だったかもしれない。マッチャンが言うように、急にさっと卒業するよりは、ある程度時間の目安を作ってくれていた、それはHIROさんの優しさだったなあと思いますね。その中で、ちゃんとつないでいく、ということが、なされているのかなあって思います。

ÜSA　HIROさんが卒業したときには、ボクら3人の卒業はまだ決まっていなかったね。

MAT　決まってないね。でも、何年後かには、っていうイメージはあった。早いか遅いかだけの違いで、卒業するそのときは、いつか必ず来る。

ÜSA　それなら、早い方がいい。

MAT　HIROさんは44歳で卒業だったけれど、じゃあ、自分たちもその年齢で、とはならなかったね。

MKD　EXILEメンバーのバランスを考えるとね。たとえば3人が44歳くらいになると、その次の世代には、KENCHIとKEIJIとTETSUYAがいて、その頃にはもう30代後半。

ÜSA　40歳くらいになる。

MKD　……とかって、先のことも考えると。自然にというのもあるけれど、あえてこのタイミングで行こうと。

MAT　あとは、単純に、めっちゃ頑張れば、45歳くらいまでイケるかもしれない。でも、それがたとえば、EXILEとして、果たしていいのか⁉　という疑問も。さらに5年後の50歳までやるとしても、卒業というときは、10年後には必ず来るわけです。そのときのコンディションが大事。完全に燃え尽きた状態でやめて、次をやるっていっても、限界がある。その状態では、応援してくれているファンの方にも失礼。それよりかは、ちゃんと力を残した状態で、次の展開に行くっていう方が、たぶんEXILEらしいんじゃないか、っていうところにやっぱり、落ちつくよね。

MKD　ライブとかも、おばあちゃんとお孫さんまで、3世代で来てくれるのを見ると、EXILEってすごいなあって、自画自賛じゃないけれど、思っちゃう。さっきの話に出た、大樹とか、ほんとにステージを見ていた、夢を持ち続けていた人がＥＸＩＬＥのメンバーになってるっていうのが、すごく意味があるなあって思う。これがどんどんつながっていってほしいなあ、って思います。

（２０１５年９月）

TRACK #16 BIOGRAPHY

MATSU／ÜSA／MAKIDAI

	1982	'83	'87
MATSU 松本利夫（まつもととしお） 1975（昭和50）年5月27日生まれ 川崎市高津区出身	**6歳（小学1年生）** 川崎市立子母口《しぼくち》小学校入学。 入学前は、ザリガニを捕まえたり、虫とりなど、自然と遊ぶ。	ファミコンが発売され、特にゲーム『スーパーマリオブラザーズ』にハマる。 当時のヒーローは、『ドラゴンボール』の登場人物たち。	
ÜSA 宇佐美吉啓（うさみよしひろ） 1977（昭和52）年2月2日生まれ 横浜市鶴見区出身		**6歳（小学1年生）** 横浜市立矢向小学校入学。 小学生の頃、カラダが弱く喘息だった。走ると呼吸がヒーヒーと苦しくなり、ホコリでも発作が起きる。	**10歳（小学5年生）** テレビで見たジャッキー・チェンの映画、『酔拳』『蛇拳』に衝撃を受け、翌週から週2回日本拳法の道場に通う。 日本拳法に夢中で取り組む。好きなこと
MAKIDAI 眞木大輔（まきだいすけ） 1975（昭和50）年10月27日生まれ 横浜市栄区出身	**6歳（小学1年生）** 横浜市立西本郷小学校入学。	**7歳（小学2年生）** 少年野球を始める。軟式少年野球チーム「笠間ジャガーズ」に所属。	**11歳（小学6年生）** 少年野球チームのキャプテンとなる。ポジションはキャッチャー。すでに身長は168センチ。

'88　'89

'88

12歳（中学1年生）
川崎市立東橘中学校入学。
部活は体操部。

'89

14歳（中学2年生）
体操部の練習で、怪我をし、大手術をする。その後、退部。

をした結果、喘息が治るという人生初の成功体験をする。

'88

11歳（小学6年生）
道場に通う高校生の先輩が、夜の公園でも練習しているのを聞きつけ、毎日のように押しかける。

'89

12歳（中学1年生）
横浜市立矢向中学校入学。
部活はサッカー部。ポジションはフォワードで、ライン際のドリブルが得意。サッカーは高3まで続ける。強いチームではなかったが、仲間とひとつの目標に向かって頑張ることに燃えていた。
「将来の夢は、サッカー選手」と言う自分に違和感を覚え、夢を聞かれたときは「ビッグになる」と答えるようになった。
中学の頃、父親がいろいろな国の人をよく家に連れてきて、ホームパーティ、鍋パーティをする。父はダンス好き、ソウルファンク世代。

マイケル・ジャクソンの『BAD』のPVをパロディ化した木梨憲武のモノマネにハマる。

'88

12歳（中学1年生）
横浜市立西本郷中学校入学。
部活は軟式野球。

'89

14歳（中学2年生）
家族で引っ越し、川崎市立宮前平中学校へ転入。
部活は軟式野球。

	'90	'91
MATSU		**15歳（高校1年生）** 神奈川県立麻生高等学校入学。 『ダンス甲子園』『DADA L.M.D』のダンスをコピー。 アベ君（現くりぃむしちゅースタイリスト）とふたりでMFGを組む。 高校の文化祭では5、6人でチームを組み、ダンスを披露する。 ダンスコンテスト「川崎ルフロンダンス
ÜSA	**13歳（中学2年生）** M.C.ハマー、ZOO、そして、『ダンス甲子園』をきっかけにダンスが好きになる。サッカー部の友だちと帰り際にステップを練習。 両親には、「ダンスなんて絶対やんねえよ」と宣言。ボビー・ブラウンの腰を振るダンスを自室で練習しているのを母親に見られて赤面する事件が起こる。	**14歳（中学3年生）** サッカー部の友だちとふたりでダンスのチームを作るも、前例がないという理由で文化祭ではダンスを披露できなかった。
MAKIDAI	**15歳（中学3年生）** 野球部を夏に引退。 テレビ番組『DADA L.M.D』に魅了される。 ダンスを始めて、卒業生を送る会「三送会」で人前で初めて踊る。 チーム名は「ラップブラザーズ」で、選曲はGuyの『Her』。	**15歳（高校1年生）** 東京高等学校入学。 ZOOダンスコンテスト公開応募大会でベスト20に入る。 中目黒のZOO DANCE SCHOOLへ通う。 「USK」（ZOOのダンスコンテストで知り合った、目黒高校の同い年の友だちとの3人チーム）でクラブチッタのダンスイベントに出場。

	'92	'93
コンテスト」1回目の出場。 初ディスコ、渋谷『AVA』へ行く。服装はクロスカラーズ系。	**17歳（高校2年生）** 「川崎ルフロンダンスコンテスト」2回目の出場。	**18歳（高校3年生）** 「川崎ルフロンダンスコンテスト」3回目の出場。 ベッチャン（カワベ君）と出会い、ダンスを本気でやろうと決意。 ベッチャンと横浜『サーカス』へ週末に通う。 憧れは、ZOO、エリートフォース、ミスフィッツなどニュースクール系。 髪型を初のドレッドにする。
	15歳（高校1年生） 神奈川県立岸根高等学校入学。 文化祭で五人のダンスチーム（名前はない）を作り、出場。学内で唯一のダンスチームだった。	**16歳（高校2年生）** 「まさお」というチーム名で、「川崎ルフロンダンスコンテスト」に出場。メンバーは同じ高校の友だち3人。 この時期に、モップ・ドレッド考案。
ショータイムの曲は自分でミックスをして作るようになる。	**17歳（高校2年生）** 自分の部屋のカーペットが擦り切れるほど、ダンスの練習に明け暮れる。	**18歳（高校3年生）** 高校卒業後、祖父永眠。東京の実家へ引っ越す。 「川崎ルフロンダンスコンテスト」にUSKとして出場。

'94

MATSU

18歳

アルバイト（引っ越し屋、工場、イタリアンレストラン厨房など）をしながら、ダンス一筋の生活を送る。

「川崎ルフロンダンスコンテスト」4回目の出場、ÜSAと出会う。

そのときのMATSUのチーム名は「ダスキン」（タクヤ、ベッチャン、まさ、りょうと、MATSUの5人）。

ÜSAのチーム名は「まさお」、ピョン吉ダンスで特別賞をとり気になる存在に。その後、六本木『R・ホール』でÜSAやMAKIDAIと話すようになる。

ダンス修業のため、初ニューヨーク。約1ヶ月半にわたりジェファーソンホテル泊。

ダンスチーム「BABY NAIL」結成。タクヤの後輩のハルオとふたりでスタート。

ÜSA

17歳（高校3年生）

「川崎ルフロンダンスコンテスト」でMATSUとMAKIDAIに出会う。

高校のサッカー部を引退。

進路をどうするか真剣に悩む。2時間ほど。踊りが上手くなりたくて仕方がないため、ニューヨークに行きたいと、親に伝える。

MAKIDAI

18歳（大学1年生）

神奈川大学経済学部入学。

「川崎ルフロンダンスコンテスト」に「TOO FLY」（3人組）として出場。MATSUとÜSAに出会う。

大学の単位を取っておらず、現状では3年生に進級できないという危機に。

夏休み、初ひとりニューヨーク。ワシントンジェファーソンに2週間滞在。ウエストサイドのクラブ『トンネル』に行く。

MATSUがハルオと「BABY NAIL」を結成し、RYUZYとともに声がかかり加入。AOYAMA NIGHTに出場、DJを務める。

'95

20歳
2回目となるニューヨークへの旅。ＵＳＡとの扇風機戦争が勃発。ウエストサイドホテル泊。
ＢＡＢＹ ＮＡＩＬ時代に、宮前区役所前で路上ダンススクールを始める。後にスタジオを借りて、レッスンを行う。

18歳
高校卒業後、3ヶ月間、ニューヨーク行きの資金を貯めるためアルバイトをする（某お菓子メーカーのライン工場、そごう横浜の宅配便荷物の仕分け、ビル解体工事など）。

猛烈に働いたため、ストレスでアトピー性皮膚炎になる。

ダンス修業のため、初ニューヨーク。空港から乗ったキャブで、ラジオＨＯＴ97がかかり、ダンスが上手くなったマジックに瞬時にかかる。

ニューヨークから帰国後すぐに、ルミネ横浜前で路上ダンススクールを始める。後に、スタジオを借りてレッスンを行う。

19歳（大学2年生）
19歳のとき、リビングで経済を学ぶ意味を両親に問う。ダンスへの熱い思いを伝える。
夏休みに2回目となるニューヨークへの旅。ＭＡＴＳＵやＵＳＡとともに。
2年次、進級のための単位をしっかり取り、その後、神奈川大学経済学部を中退。

	'96	'97	'98
MATSU	21歳 BABY NAILにÜSAが入りメンバーが五人になる。BABY NAILでAOYAMA NIGHTやMAIN STREETなどのイベントに出演。		23歳 HIROに誘われて、avexの麻布十
ÜSA	19歳 ニューヨークから帰国後、BABY NAILに加入。この頃、フライヤーの出演順上位に名前を載せることに命をかけていた。クラブのショータイムに出演（ハーレム、ブエノス、エイジア、クラブチッタなど）。アルバイトの審査員には審査されたくないという思いもあり、ダンスコンテストには徐々に出なくなる。	20歳 MAKIDAIがMISIAのバックダンサーに決まり、焦る。アルバイトは、両親が経営する中目黒の日焼けサロンのレジ打ち。憧れのHIROが来て、固まる。	21歳 HIROに一緒に踊ろう、と初めて声を
MAKIDAI	21歳 ニューヨークへ留学。アッパーイーストの寮に滞在。語学学校に通いながら、本場のダンスや音楽を学ぶ。ダンサー、マークエストと知り合い、マンツーマンでレッスンを受ける（1回2時間50ドル）。パフォーマーになることを決意。	22歳 ニューヨークから戻り、再びBABY NAILに誘われる。U-GEの紹介で、MISIAのバックダンサーになる。	23歳 BABY NAILの活動と並行して、

'99

初代 J Soul Brothers を結成。シングル「J Soul Brothers」を 10 月 20 日に発売し、デビュー。

2000

ショッピングモールで踊る日々が続く。

番のスタジオで初リハーサルに挑む。5月、BABY NAILとJSBのコラボで、MAIN STREETのオープニングショーに参加。

24歳
レコーディング中、脚に斑点ができ、不完全型ベーチェット病と診断される。

かけられる。夢のような出来事で親にまで報告。BABY NAILとJSBのコラボでMAIN STREETのオープニングショーに参加。HIROの話すビジョンに、心を奪われる。

オーガニックのイタリアンレストランでアルバイトをする。後のDANCE EARTH VILLAGE構想で、食べ物の大切さや自然の力を感じるきっかけになる。

22歳

MISAのバックダンサーとして活動する。

24歳

ボーカルのSASAが脱退し、新ボーカルにATSUSHIとSHUNが加入。EXILE第1章の始まり。
8月24日J Soul BrothersをEXILEに改名。
9月27日シングル「Your eyes only ～曖昧なぼくの輪郭～」を発表し、再デビューを果たす。

'01

エグザイルエンタテイメント有限会社の立ち上げに出資。

'02

MATSU

27歳
4枚目のシングル「song for you」(2002年4月17日発売)がリリースされた頃に引っ越し。
完全型ベーチェット病と診断される。ライブツアーでは、座薬を入れて乗り切る。

ÜSA

MAKIDAI

27歳
EXILEの1stアルバム『our style』の収録曲では、DJ MAKIDAIとしてスクラッチを担当。

6月17日の日本武道館でのライブでは、HIROの母親がステージに登場するサプライズをメンバー全員で行う。ライブDVD『EXILE LIVE TOUR 2004 'EXILE ENTERTAINMENT'』に収められる。

'03

'04

28歳
12月、ÜSA、AKIRAなど五人とともにRATHER UNIQUEを結成（〜2006年9月）し、MC兼リーダーを務める。

26歳
12月、MAKIDAI、AKIRAなど5人とともに、HipHopグループ、RATHER UNIQUEを結成（〜2006年9月）し、MCとしてもデビューする。

29歳
ファッションブランド「BOIS BOIS（ボアボア）」を立ち上げる。

29歳
ドラマ『ホットマン2』（TBS系）で俳優デビュー。

'05

'06

3月29日SHUNが脱退、第1章終了、9月から第2章へ(〜2009年3月)。

'07

ナインティナインの岡村隆史とEXILEによるコラボユニット「オカザイル」誕生。
9月に劇団EXILEを立ち上げ、旗揚げ公演『太陽に灼かれて』に3人とも出演。

MATSU

30歳
中目黒にアパレルショップ「LMD」(現24karats)を立ち上げる。

30歳
左目にベーチェット病の症状が出る。

ÜSA

29歳
ラジオ番組『Evolution D』(InterFM)にて初パーソナリティを務める。6月、舞台『THE面接』で俳優デビュー。
キューバへの旅を機に、ダンスを軸にしたライフワーク「DANCE EARTH」を始動。

MAKIDAI

32歳
3月、映画『渋谷区円山町』で初主演。

'08	'09
33歳 ラジオ番組『One Step Beyond』（JAPAN FM）で初パーソナリティを務める。 5月、劇団EXILE第二回公演『CROWN～眠らない、夜の果てに…』に出演。	**34歳** 映画『LONG CARAVAN』にて初主演。 劇団EXILE第三回公演『Words～約束／裏切り～すべて、失われしもののため…』に出演。
31歳 5月、劇団EXILE第二回公演『CROWN～眠らない、夜の果てに…』に出演。 10月、旅本『DANCE EARTH』を出版。	**32歳** 2月、舞台『蛇姫様－わが心の奈蛇－』にて主演。 11月に『DANCE EARTH』（DVD）を発売。
33歳 8月27日、DJ MAKIDAI名義で『DJ MAKIDAI from EXILE Treasure MIX』を発売し、オリコンチャート3位を記録。	**34歳** EXILEの冠番組『EXH～EXILE HOUSE～』（TBS系）の司会をTAKAHIROとともに務める。 12月、『天才アカデミア～頭をやわらかくするTV～』（フジテレビ系）で、EXILEの冠番組以外で初の司会を務める。

	'10	'11	'12
MATSU	35歳 5月、劇団EXILE第四回公演『DANCE EARTH～願い～』に出演。 松本利夫ワンマンSHOW『MATSUぼっち』公演。	36歳 ドラマ『3枚目のボディガード-ボクはキミだけを守りぬく』（BeeTV）にて初主演。	37歳 『MATSUぼっち 02』公演。
ÜSA	33歳 2月、DANCE EARTHでインド・バラナシ（ベナレス）に行く。 5月、山田洋次監督作品『京都太秦物語』で映画初出演。 5月、劇団EXILE第四回公演『DANCE EARTH～願い～』に出演。 8月、インド「マザーベイビースクール」の創立に協力。 10月11日、『DANCE EARTH～BEAT TRIP～』を発売。		35歳 2月10日、絵本『ダンスアース』を出版。
MAKIDAI	35歳 「エンポリオ・アルマーニ」の国内初の男性イメージモデルとなる。	36歳 4月より、情報番組『ZIP!』（日本テレビ系）で火曜日のメインパーソナリティとなる。	

'13

38歳

7月、婚約。

『MATSUぼっち03』公演。

映画『晴れのち晴れ、ときどき晴れ』にて主演。

'14

39歳

元日に入籍。

劇団EXILE『歌姫』に出演。

ドラマ『ビンタ!』（読売テレビ／日本テレビ系）で主演。

『Eダンスアカデミー』（NHK Eテレ）で主任講師として子どもたちにダンスの楽しさを伝える。

36歳

2月、DANCE EARTHプロジェクト初の舞台『生命の鼓動』を公演。

4月10日、『地球で踊ろう! DANCE EARTH〜Change the World〜』（DVD付）を、5月10日、絵本『ダンスアース2』を出版。

37歳

5月、DANCE EARTHプロジェクトとして2回目の舞台『Changes』を公演。

8月11日、『日本で踊ろう! DANCE EARTH-JAPAN』を出版。

38歳

ドラマ『町医者ジャンボ!!』（読売テレビ／日本テレビ系）に主演。

39歳

ラジオ番組『Music Unlimited TOKYO VAGABOND』（J-WAVE）でDJ MAKIDAIとして、ナビゲーターを務める（月曜日）。

4月、映画『俺たちの明日』に主演。

6月、DJ MAKIDAI from EXILEとしてミックスCD『EXILE TRIBE PERFECT MIX』を手がける。

'16　'15

MATSU

41歳
2月、松組第一弾舞台作品『刀舞鬼-KABUKI-』公演予定。
2016年2月19日(金)～2月28日(日)

ÜSA

38歳
ÜSA率いる音楽ユニット「DANCE EARTH PARTY」の正式メンバーがÜSA、TETSUYA、E-girlsのShizukaに決定。

MAKIDAI

7月、DJ MAKIDAIとしてEXILE HIRO、VERBAL、DJ DARUMAとともに「PKCZ®」を結成する。

8月、自身初となる単独イベント「CLUB EXILE」を開催。

STAFF

Text	石川拓治
Art Direction&Design	山本知香子
Photograph	KEI OGATA (No.2)
Styling	橋本 敦 (KiKi inc.)
Hair&Make-up	千絵 (H.M.C.)、水野明美 (H.M.C.)
LDH Inc.	森雅貴／森広貴／関佳裕／林賢宏／川田真太郎／広川祐介
Artist Management	阿部匡朗／堀賢介／熱海桂馬
Editor	舘野晴彦／谷内田美香 (幻冬舎)

PROFILE

松本利夫

1975年神奈川県生まれ。劇団EXILEの第一回公演から4年連続で出演。2015年には劇団EXILE「松組」を立ち上げ、俳優として新境地を切り開く。

EXILE ÜSA

1977年神奈川県生まれ。「ダンスは世界共通言語」をテーマにDANCE EARTHの活動を続け、書籍や絵本、舞台等で自身の表現を発表。音楽ユニット「DANCE EARTH PARTY」を率いる。

EXILE MAKIDAI

1975年神奈川県生まれ。役者、DJ、パーソナリティを務める。音楽、ファッション、パーティなどのプロデュースを行うクリエイティヴ・ユニット「PKCZ®」として国内・海外問わず活動。

この作品は二〇一六年一月小社より刊行されたものです。

キズナ

松《まつ》本《もと》利《とし》夫《お》　EXILE ÜSA　EXILE MAKIDAI

平成30年4月10日　初版発行

発行人——石原正康
編集人——袖山満一子
発行所——株式会社幻冬舎
〒151-0051東京都渋谷区千駄ヶ谷4-9-7
電話　03(5411)6222(営業)
　　　03(5411)6211(編集)
振替00120-8-767643
印刷・製本—中央精版印刷株式会社
装丁者——高橋雅之

幻冬舎文庫

ISBN978-4-344-42728-0　C0195　ま-35-1

幻冬舎ホームページアドレス　http://www.gentosha.co.jp/
この本に関するご意見・ご感想をメールでお寄せいただく場合は、
comment@gentosha.co.jpまで。